Z会小学生
わくわくワーク
1年生夏休み
復習編

わくわくシール《しーる》

おうちのかたへ
絵がきちんと完成するように，貼るときには手伝ってあげてください。

▼　1かいぶんが　おわったら，さいごの　ページ《ぺーじ》に　シール《しーる》を　はろう。
ぜんぶ　おわったら，えが　かんせいするよ。おうちの　ひとと　いっしょに　はろう。

▼こくごで　つかうよ

▲はなまるシール

▲はなのシール

▼じゆうに　つかって　いいよ

こくご

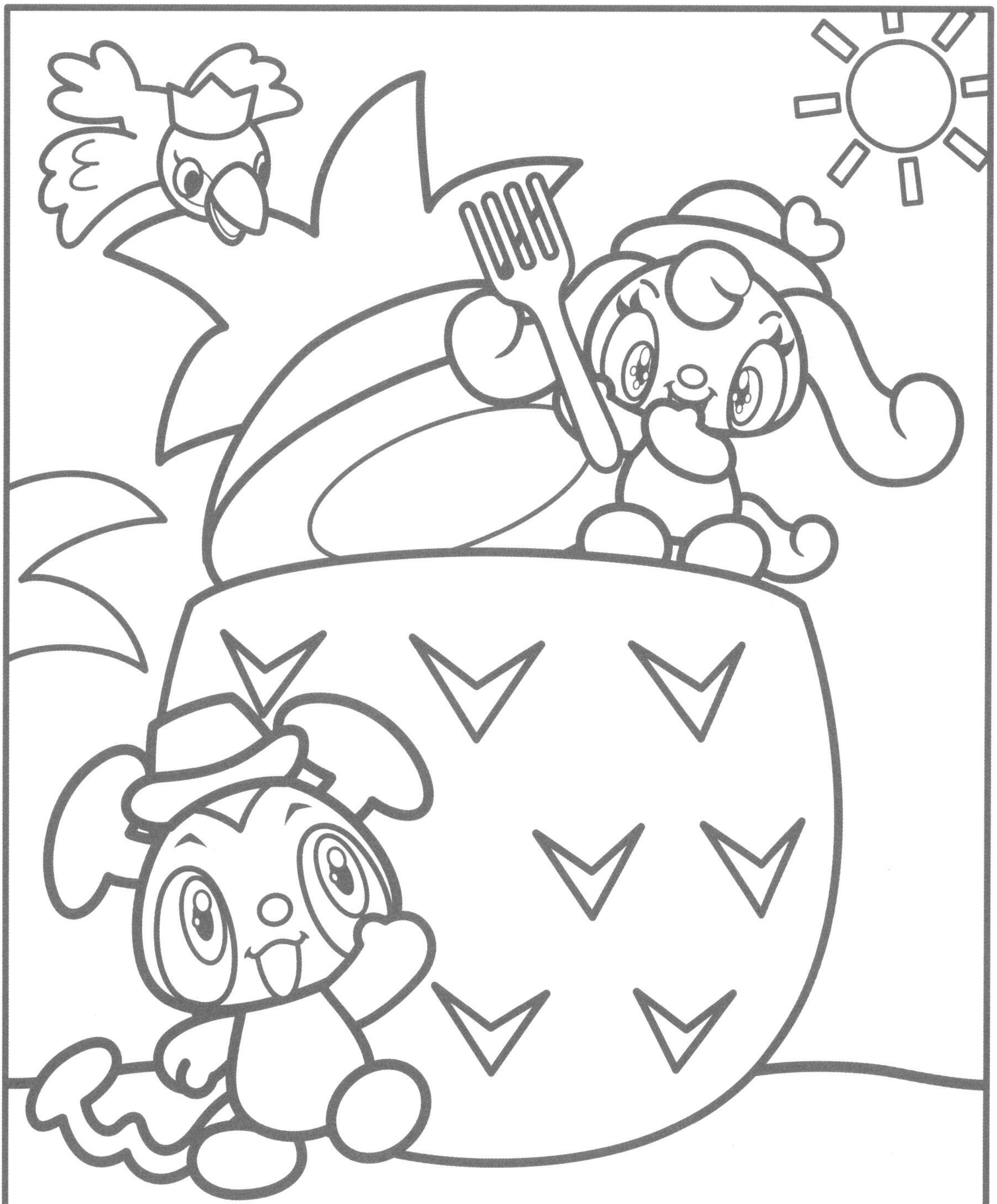

すきな　いろを　ぬろう

さんすう　けいけんは，うしろから　はじまります。

1 はなす ゆうきを だした ときの ことを はなそう

がつ　にち

きょうの テーマ

・ゆうきを だした ことを おもいだして、その ときの ことを はなしましょう。

イーマル《いーまる》は、プール《ぷーる》の とびこみだいから はじめて とびこんだ ときの ことを おもいだしました。

ミルマリ《みるまり》は、ゆうきを だした ときの ことを おかあさんに はなしました。

がっこうで はっぴょうを する ときは、すごく どきどきしました。
でも、ゆうきを だして、
おおきな こえで はなしました。

こたえは「解答・解説」1ページ

ミルマリ《みるまり》は、がっこうで みんなの まえで はっぴょうした ときの ことを おもいだしました。

おうちのかたへ

今回の学習のねらい

・体験を思い出して、そのできごとを話す。

・相手にわかるように、適切に話す。

1 ゆうきを だした ときの ことを おもいだしましょう。

2 ゆうきを だした ときの ことを おうちの ひとに はなしましょう。

はなまるシール

はなす ときの やくそく

① あいての めを みて はなす。

② あいてに わかるように はっきり はなす。

● おわったら おうちの ひとと わくわくシール《しーる》を はりましょう。

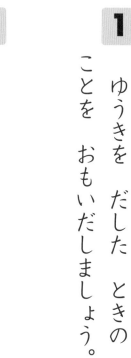

ドリル 1

ぶんを　つくろう

□がつ　□にち

1

イーマル《いーまる》と　ミルマリ《みるまり》が、もりを　たんけんしました。

イーマル
ミルマリ

2

イーマル《いーまる》が　ことばに　まほうを　かけて、ぶんを　つくりました。

ことばよ　ことば、
ぶんに　なあれ。

はな

さく

↓

はなが　さく。

みぎの　えを　みて、□に
あう　ことばを　かきましょう。

やりかた

| とり | が | なく | 。 |

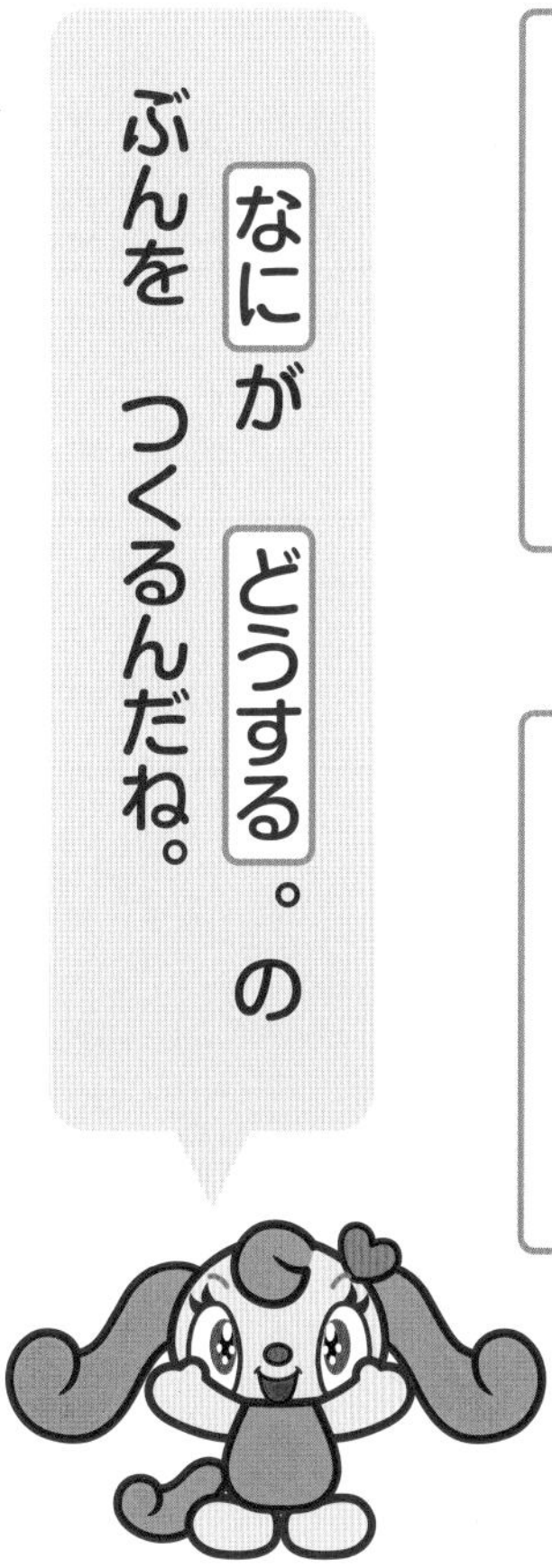

□が　□。

□が　□。

□が　□。

つぎの　ことばに　イーマル《いーまる》が
まほうを　かけたら、どんな　ぶんが
できるでしょうか。□に　ぶんを
かきましょう。

ほし　かぜ　ひこうき　ふく　とぶ　ひかる

□　□　□

● おわったら　おうちの　ひとと
わくわくシール《しーる》を　はりましょう。

2

かく

ゆうきを だした ときの ことを かこう

□がつ □にち

きょうの テーマ

・ゆうきを だした ときの ことを かきましょう。

イーマル《いーまる》は、プール《ぷーる》の はじめて とびこみだいから とびこんだ ときの ことを かきました。

ぼくは、プール《ぷーる》のとびこみだいからはじめてとびこんだとき、ゆうきをだしました。だいをつよくけってとびこんだら、うまくできました。

ミルマリ《みるまり》は、がっこうで みんなの まえで はっぴょうを した ときの ことを かきました。

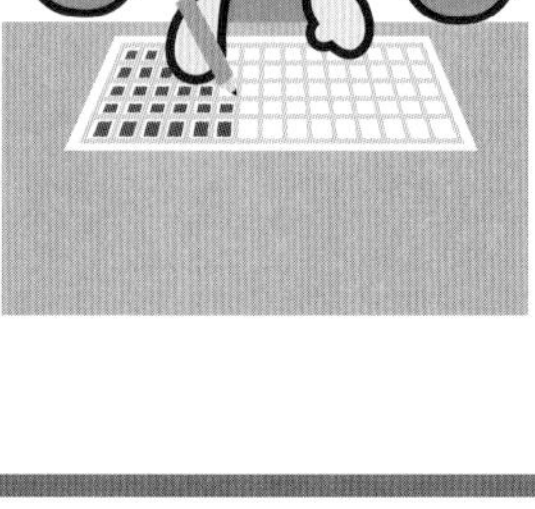

わたしは、がっこうで、みんなのまえではっぴょうをするとき、きんちょうしました。でも、ゆうきをだして、おおきなこえではなしました。

1 ゆうきを　だした
ときの　ことを
おもいだしましょう。

2 その　ときの　ことを
したに　かきましょう。

えんぴつの　もちかたや
しせいに　きを　つけてね。
じは　ていねいに　かこう。

おうちのかたへ

今回の学習のねらい

・体験を思い出して、そのできごとを書く。
・書く姿勢や字形に注意して、文を書く。

● おわったら　おうちの　ひとと
わくわくシール《しーる》を　はりましょう。

ドリル 2

ちいさく かく じ

1

イーマル《いーまる》から ふしぎな てがみが とどきました。

ぼくは、いま、キャンプ《きゃんぷ》じょうに います。
ゆうごはんを つくる とき、

や
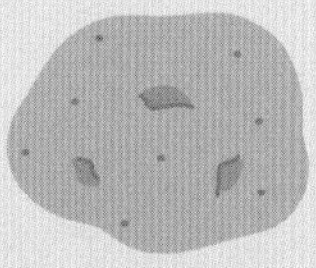
を きりました。
あさは、しぼりたての

を のみました。

2

つぎの ぶんは、ちいさく かく じも おおきく かいて あります。いみが わかるように じを なおして、ただしい ぶんを かきましょう。

やりかた

・ぼくは、やきゆうが すきです。

↓

ぼくは、やきゅうが すきです。

「やきゆう」を「やきゅう」に なおすと、ただしい ぶんに なるね。

がつ　にち

こたえは「解答・解説」1ページ

てがみの なかの えに あう
ことばを □に かきましょう。

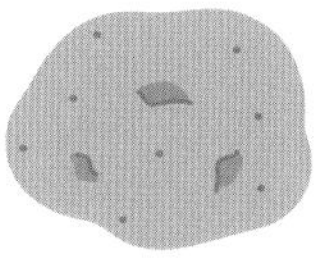

1 しよくじの まえに、せつけんで
てを あらいます。

2 はつぴようかいで、はくしゆを
おきやくさんから もらいました。

● おわったら おうちの ひとと
わくわくシール《しーる》を はりましょう。

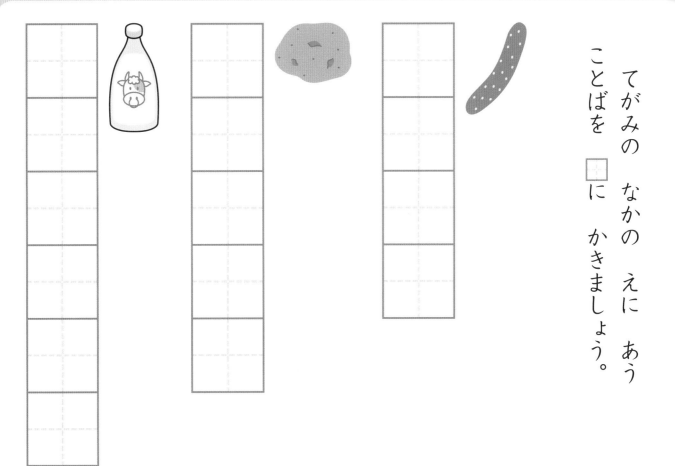

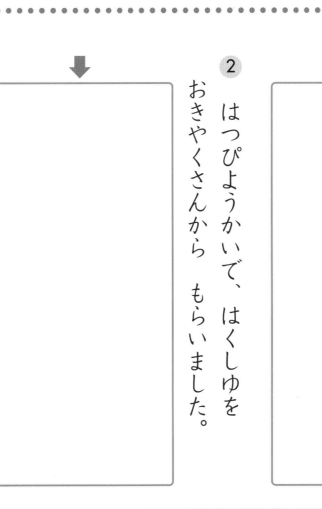

3 よみとり「あめんぼが　とんだ」

いけなどの　みずの　うえに　すむ　あめんぼは、どんな　むしなのかな。

こんかいの　おはなし

おおくの　むしたちに　とって、すいめんは　とても　こわい　ところです。からだに　みずが　つくと、おもうように　うごけません。いきも　できなく　なります。では、なぜ　あめんぼは　だいじょうぶなのでしょう。その　ひみつは、からだが　かるく、ながい

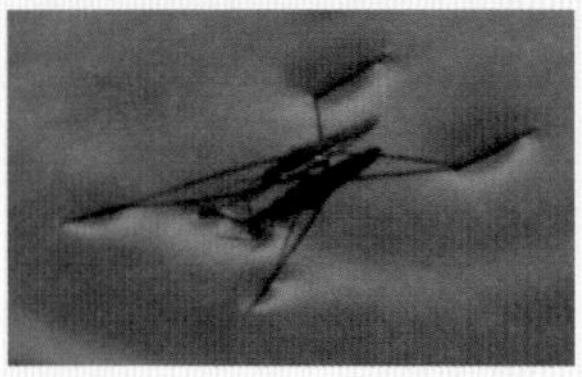

みずに　うく　あめんぼ

出典　高家博成《たかいえひろしげ》作『新日本動植物えほんⅡ－⑦　あめんぼがとんだ』新日本出版社刊　より

□がつ　□にち

うえの　ぶんしょうを　よんで、もんだいに　こたえましょう。

1　あめんぼの　からだに　みずが　ついても　だいじょうぶなのは、どうしてですか。

あめんぼは、からだが［　　　　］、あしが［　　　　］なって　いるから。

あしが　ぬれにくく　なって
いるからです。
つよい　かぜに　ふかれ、あぶが
すいめんに　おちました。あぶは、
はねを　ばたつかせて　とびあがろうと
しますが、はねが　みずに　くっついて、
はなれません。
あぶが　もがくと、ちいさな　なみが
できます。どこからともなく、あめんぼが
やって　きて、あぶを　とらえました。
あめんぼは、すいめんに　おちた
むしを　たべて　くらして　いるのです。

おうちのかたへ

今回の学習のねらい

・文章を読んで、内容を理解する。
・説明されている事柄を正しく読み取る。

2

あめんぼは、なにを　たべて
くらして　いますか。

はってん

3

うえの　ぶんしょうを　よんで
おもった　ことや、しって　いる
むしの　ことを　おうちの　ひとに
はなしましょう。

はなまるシール

● おわったら　おうちの　ひとと
わくわくシール《しーる》を　はりましょう。

ドリル 3

のばす おん

がつ　にち

1

□の　なかには、「う」か　「お」の
どちらかが　はいります。はいる　じを
□の　なかに　かきましょう。
（うすく　なって　いる　じは
なぞりましょう。）

① としょかんに　いく　とき、
こ□えんを　と□ります。

こえん

とります

2

つぎの　ぶんには、のばす　おんの
かきかたの　まちがいが　6つ
あります。
まちがって　いる　ところに　×《ばつ》を
つけて、よこに　ただしい　じを
かきましょう。

やりかた

ふるい　とけ~~え~~いを　なおします。

2 おと□さんと　お□きな　ふねに
のって、と□くの　しままで
いきました。

おとおさん
おおきな
とおく

おなじ「おー」と　のばす
ことばでも、「う」と　かく　ことばと
「お」と　かく　ことばが　あるよ。

きょお、へやの　そおじを　しました。
おねいさんが　てつだって　くれたので、
とても　きれえに　なりました。
わたしは、
「ありがとお。」
と、おれえを　いいました。

● おわったら　おうちの　ひとと
わくわくシール《しーる》を　はりましょう。

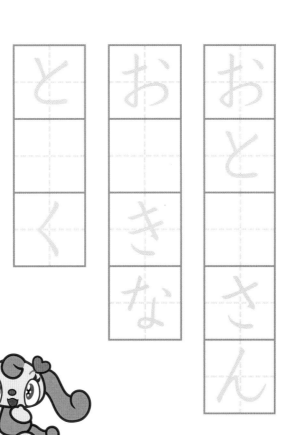

4 よむ 「おばけを　とりに　いこうよ」①

□がつ　□にち

出典 よこやままさお作『おばけをとりにいこうよ』そうえん社刊 より（中略した箇所があります。）

こんかいの　おはなし

ぼくと　いもうとの　みくが、
おばけを　とりに　いく　おはなしです。

ようちえんに　いって　いる、
いもうとの　みくが、とつぜん
いった。
「おにいちゃん、おばけを　とりに
いかない。なつやすみの　しゅくだい、
いろんな　おばけ、いっぱい
あつめたら。」
「えっ！　おばけ……。そんなに

1 うえの　ぶんしょうを　おうちの　ひとに　よんで　もらいましょう。

2 うえの　ぶんしょうを　こえに　だして　よみましょう。

こえに　だして　よんだら、シール《しーる》を　はりましょう。

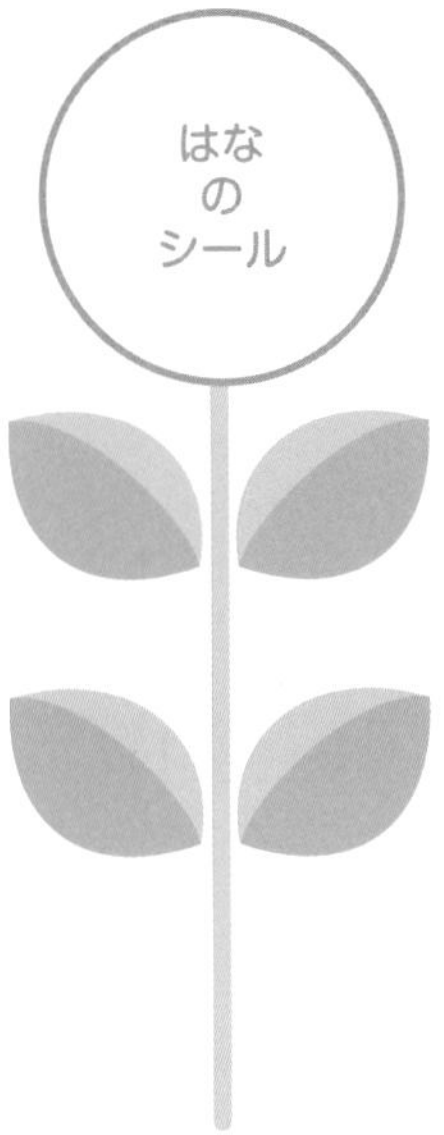

こたえは「解答・解説」2ページ

たくさん、どこに　いるんだい？」
ぼくは、ちょっと　おどろいたけど、
みくは　ぜんぜん　へっちゃらなんだ。
「うらやまの　ふもとの、じんじゃに
いるかもよ。みくね、むしとりあみで
つかまえて、おばけを　かうの。」
と、まじめな　かおで　いった。

こんな　ところに　ちゅういして　よもう

① しせいを　よく　して、おおきな　こえで　よもう。

② 「えっ！　おばけ……。そんなに　たくさん、どこに　いるんだい？」の　ところは、ぼくの　きもちに　なって　よもう。

3　おうちの　ひとに　きいて　もらい、シール《しーる》を　つけて　もらいましょう。

はなまるシール

● おわったら　おうちの　ひとと　わくわくシール《しーる》を　はりましょう。

おうちのかたへ

今回の学習のねらい
・姿勢や発声に気をつけて読む。
・「　」のところに気持ちを込めて読む。

ドリル
4
「は」「を」「へ」①

がつ　にち

1

つぎの　ぶんの　なかには、
まちがって　いる　じが　あります。
まちがって　いる　ところに　×《ばつ》を
つけて、よこに　ただしい　じを
かきましょう。

やりかた

ぼく~~わ~~は　えき~~え~~へ　いきます。

1　にはとりが　たまごお
うみました。

2

□に　はいる　じを　□の
なかから　えらんで、かきましょう。

かぞくで　うみ□　いきました。

わたし□、うき□で
あそびました。

とても□　もしろかったです。

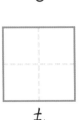

2 この はこわ、
をもちゃお
いれる はこです。

3 わたしわ、のはらえ
いって、はなの
えお かきます。

□とうとが かいがら□
ひろったので、い□に もって
かえりました。

は わ を お へ え

ことばと ことばを つなぐ
ときは、「は」「を」「へ」を
つかうよ。

● おわったら おうちの ひとと
わくわくシール《しーる》を はりましょう。

5 「おばけを　とりに　いこうよ」②

よみとり

出典　よこやままさお作『おばけをとりにいこうよ』そうえん社刊　より

□がつ　□にち

こんかいの　おはなし

ぼくと　みくは、おばけを　とりに、
じんじゃの　もりへ　いきました。

しげみの　なかに、なにか
ひそんで　いる　けはいが　する。
ひょっとして、おばけ……。
ふたりとも、つかまえられ、
たべられて　しまうかも。
ぼくの　あしが、ふるえだした。
おしっこを、ちびりそうに　なった。
いしに　なったみたいで、まえに、

うえの　ぶんしょうを　よんで、
もんだいに　こたえましょう。

1　――の　ところで、ぼくの　あしが
ふるえだしたのは　どうしてですか。

（　　　　　　　　）と　おもったから。

すすまない。
「おにいちゃん、どうしたの。」
みくの　こえに、ぼくは、いそいで
しんこきゅう。
あみを　かまえて　いくと、
いっしゅん　きが　ゆれた。
「うわあっ！」
ぼくは、
かおを
ひきつらせ、
うしろに
さがった。

おうちのかたへ

今回の学習のねらい
・場面の状況を正しくとらえる。
・物語の展開にそって心情を読み取る。

2

‖の　ところで、ぼくが
おどろいたのは　どうしてですか。
（　）に　○《まる》を　かきましょう。

（　）きの　あいだから　おばけが
でて　きたのを　みたから。

（　）きが　ゆれて、なにかが
めに　はいって　しまったから。

（　）きが　ゆれたのを　みて、
おばけが　でたと　おもったから。

はってん

3

ぼくが　しんこきゅうしたのは
どうしてだと　おもいますか。
おうちの　ひとに
はなして　みましょう。

はなまるシール

●おわったら　おうちの　ひとと
わくわくシール《しーる》を　はりましょう。

ドリル 5 「は」「を」「へ」②

がつ　にち

1 「は」と「を」を つかって、きょう あった ことを かきましょう。

やりかた

おねえさん は

かきごおり を

たべました 。

①

は

を

。

2 「は」と「へ」を つかって、ぶんを かきましょう。

やりかた

せんせい は

しょくいんしつ へ

いきました 。

①

は

へ

。

こたえは「解答・解説」3ページ

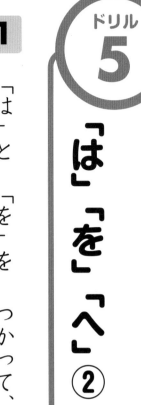

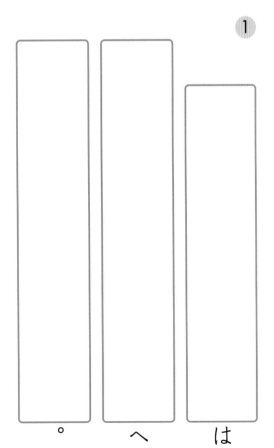

2

は

を

。

3

は

を

。

2

は

へ

。

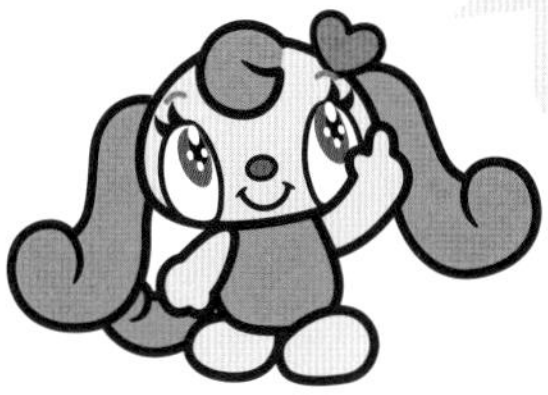

● おわったら　おうちの　ひとと
わくわくシール《しーる》を　はりましょう。

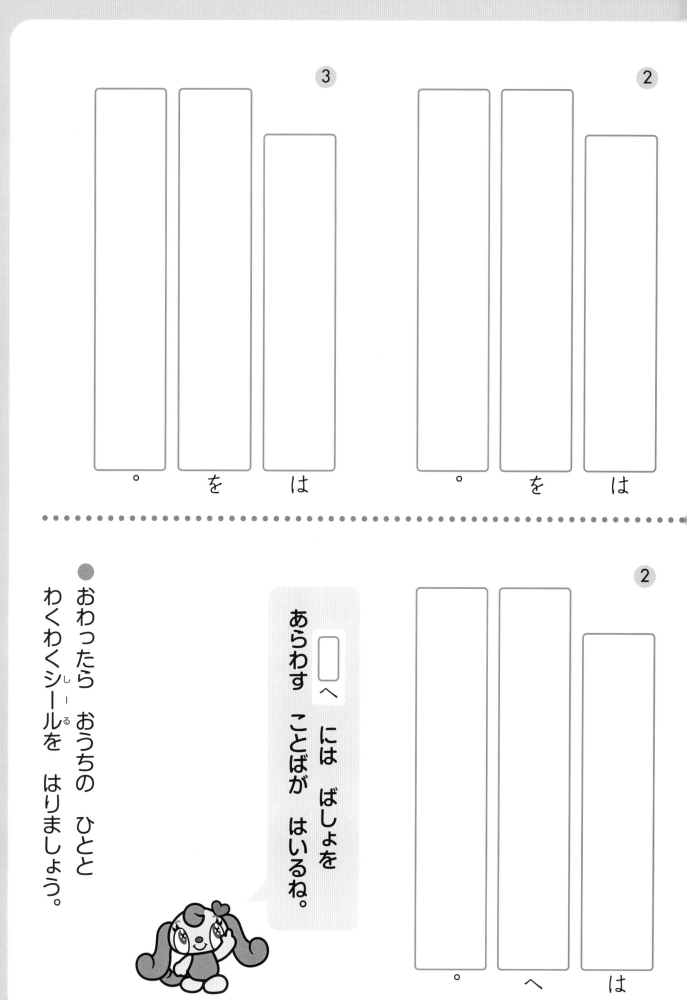

6 きく「おばけを　とりに　いこうよ」③

ぼくと　みくが、おばけを　さがして　いると、あたまが　はいる　ほどの
あなを　みつけました。あなを　のぞきこむと、くろい　ものが　とびだしました。

こんかいの　おはなし　おうちの　ひとに　よんで　もらいましょう。

「おにいちゃん、つかまえたよ。おばけ、つかまえた！」

うしろの　ほうで、みくの　声が　した。

「ほんとに、おばけ、つかまえたの……？」

ぼくは、まだ　ドキドキしながら、
みくの　ほうを　ふりかえった。

「おにいちゃん、はやく、ふくろ、ふくろ！」

みくは、あみを　しっかり　おさえている。

どんな　おばけを、つかまえたのだろう。

あみに　はいるくらいだから、おばけの　子どもかな。

いや、きょうぼうな　おばけだったら、
かみつかれるかも……。

おそるおそる、あみを　のぞいた。

あみから　はみだしそうな、黒っぽい……、

だらんと　たれた　ながい　あしは、黒っぽい
まだらもようが　ついている。

ほんとに、おばけガエルだ。

おばけガエルを　ふくろに　いれると、ボンボン……

いきおいよく　はねた。

「おにいちゃん、この　カエル、もっと　大きな
おばけガエルに　なるよね。」

みくは、はんぶん　おそろしげで、でも……、
はんぶん、うれしそうだった。

「みく、かうのかあ……。」

「うん、かってみる。」

家に　かえると、

「ギエーッ！」

出典　よこやままさお作『おばけをとりにいこうよ』そうえん社刊　より

□がつ　□にち

こたえは「解答・解説」3ページ

かたまりが　はねていた。

「ええっ？　これって、しょくようガエルじゃあないのか。」

でも、すごい。こんなでっかい　カエルを見るのは、はじめてだ。おとなの　てのひらの、ばいほども　ある。

黒くて……、ぬらりとして……、さわるのはきみが　わるい。かみつかれそう。

「おにいちゃん、つかまえないの。」

「だ、だって、きもちわるいじゃあないか……。」

「じゃあ、みく　つかまえる。」

石でも　ひろいあげるように、みくが　つかみあげた。

「うわーっ！」

ぼくは、ひきさがった。

ぶよぶよ　ふくれあがった、白いおなか。

おかあさんの　声が、家の　屋根を　つきやぶるほどにひびいた。

「だ、だめよ！　こんな　おばけガエル。きもちわるい。にがしてきて……。」

おかあさんは、みくから、ずいぶん　はなれて、かおをそむけている。

しきりに、手で　おいはらう　かっこうを　して。

「ああ、せっかく　おばけ　つかまえたのに。でも、にがしてあげたら、おばけが　もっとふえるかな。」

ぼくは、はんぶん、おかあさんにどうじょうした。

みくは、おばけガエルをなでていた。

おうちのかたへ

今回の学習のねらい
・場面の様子を想像しながら聞く。
・登場人物の心情を想像しながら聞く。

●おわったら　おうちの　ひとと　わくわくシール《しーる》を　はりましょう。

ドリル 6 。（まる）と 、（てん）の つけかた

□がつ □にち

1

。（まる）と 、（てん）の
つかいかたが ただしい ものは
どれですか。ただしい ものの
（　）に ◯《まる》を かきましょう。

（　）あついので まどを。あけます、
（　）あついので。まどを あけます、
（　）あついので、まどを あけます。

ぶんの おわりに つけるのは、
。（まる）かな、
、（てん）かな。

2

つぎの ぶんに 。（まる）を
つけましょう。

わたしは、いぬを かって います
なまえは、たろうです まいにち
いっしょに さんぽを したり、
ボール《ぼーる》で あそんだり します
せわは たいへんだけれど、たろうと
いると、げんきが でます だから、
いつまでも なかよく したいです

こたえは「解答・解説」3ページ

3

つぎの ぶんは、。(まる)と 、(てん)が ぬけて います。
□に 。か 、の どちらかを いれましょう。

きのう□ おとうさんと かわへ つりに いきました□
おとうさんは□ つりが とくいなので□ なんびきも
つりました□ でも□ ぼくは□ ちっとも つれませんでした□
がまんして じっと まって いたら□ おおきな さかなが つれました□
おとうさんが□ さかなの しゃしんを とって くれました□

● おわったら おうちの ひとと わくわくシール《しーる》を はりましょう。

7

ことば

かいぶんで あそぼう

□がつ □にち

きょうの テーマ

・うえから よんでも したから よんでも、おなじ いみに なる ことばや ぶんで あそびましょう。

1 つぎの ことばや ぶんを こえに だして よみましょう。うえから よんだら、したからも よんで みましょう。

トマト《とまと》

2 □の なかに ことばを いれて、かいぶんを つくりましょう。

□□□□と
ことりとわに

こたえは「解答・解説」4ページ

わたしまけましたわ

おうちのかたへ

今回の学習のねらい
・言葉のおもしろさに気づく。
・回文を楽しみ、言葉への興味をもつ。

できた ぶんを うえと したの りょうほうから よんで みよう。

はってん **3**

うえから よんでも したから よんでも、おなじ いみに なる ことばや ぶんを さがして、□に かきましょう。

●おわったら おうちの ひとと わくわくシール《しーる》を はりましょう。

ドリル 7

さかさまに　よむと……

□がつ　□にち

1

ミルマリ《みるまり》が　さかさまに　なって、なにか　いって　います。

。たしかにかした
をんほ、はしたわ

あれっ、
ことばも　さかさまに
なって　いるよ。

2

イーマル《いーまる》が　かいた　にっきを
イワンコ《いわんこ》が　まほうを　つかって
さかさまに　して　しまいました。

。たしまいいと
「。たいやきやいた」
にくぼうのき
、はリマルミ《りまるみ》

ミルマリ《みるまり》は　なんと
いったのでしょう。
ただしい　ぶんに　なおしましょう。

うしろから　よめば、
ただしい　ぶんに
なるよ。

イーマル《いーまる》が　かいた　ぶんを
もとに　もどして　あげましょう。

ミルマリ《みるまり》は、

「　　」。

●おわったら　おうちの　ひとと
わくわくシール《しーる》を　はりましょう。

8

かく

はがきを　かこう

きょうの　テーマ

・したしい　ひとに
はがきを　かきましょう。

イーマル《いーまる》は、ようちえんの
せんせいに　はがきを　かきました。

おおさわゆみせんせいへ

こんにちは。おげんきですか。
ぼくは、げんきです。しょう
がっこうでもたくさんともだち
ができました。

イーマルより

ようすが　わかるように、
えはがきを　かいたよ。

ミルマリ《みるまり》は、おじいちゃんに
えはがきを　かきました。

おじいちゃんへ

ぼくじょうで、
うまにのりました。
とてもたのしかっ
たです。

ミルマリより

がつ　にち

1 だれに かくか きめましょう。

だれに

2 はがきの おおきさの わくの なかに かいて みましょう。

はってん

3 じっさいの はがきに かいて みましょう。

●おわったら おうちの ひとと わくわくシール《しーる》を はりましょう。

おうちのかたへ

今回の学習のねらい

・知らせたいことをはがきに書く。
・相手のことを考えて丁寧に書く。

ドリル 8 なかまの ことば

□がつ □にち

1

□の なかには、なかまに はいらない ことばが ひとつだけ あります。その ことばを □に かきましょう。

やりかた

せみ　とんぼ　りす

ばった　かまきり　こおろぎ

こたえ

りす

りすは、むしの なかまでは ないね。

2

□の なかの ことばを まとめて よぶ ことばを □に かきましょう。

やりかた

なす　きゅうり　たまねぎ

だいこん　にんじん　かぼちゃ

こたえ

やさい

どれも、はたけで とれる やさいだね。

こたえは「解答・解説」4ページ

1

たい　ふね　あじ
さんま　ひらめ　まぐろ

こたえ

2

ながぐつ　ぞうり　うんどうぐつ
てぶくろ　スリッパ《すりっぱ》　サンダル《さんだる》

こたえ

「ぞうり」が　わからない
ひとは　おうちの
ひとに　きいて　みよう。

1

もも　ぶどう　なし
みかん　さくらんぼ　りんご

こたえ

2

からす　あひる　ふくろう
かもめ　くじゃく　だちょう

こたえ

● おわったら　おうちの　ひとと
わくわくシール《しーる》を　はりましょう。

ひょうげん　ぼうけんマップ《まっぷ》を　つくろう

しらべた　ことを　えや　ことばで　まとめて，せかいに ひとつだけの　ぼうけんマップ《まっぷ》を　かんせいさせよう！

スタート《すたーと》!

あなたが　みつけた　なつの むしを　かこう。

しらべて　わかった　ほかの なつの　むしを　かこう。

あなたが　みつけた　なつの くさばなを　かこう。

ゴール《ごーる》!

しらべて　わかった　ほかの なつの　くさばなを　かこう。

なつの　ぼうけん しゅうりょう！ これからも，きせつごとの むしや　しょくぶつを さがして　みてね。

おうちのかたへ

体験した時の気づきを形にする経験を通して，自分の思考を確認し，伝える力を養います。表現とは，自分の内面にあるものを表に出し，必要に応じて相手に伝えることをさしますが，その力をつけるためにはまず，伝える中身を蓄えてそれを形にすることに慣れることが大切です。白い紙にいきなり絵や作文を書くのは難しいので，まずは当ページくらいの欄に絵や文章を書く練習を積みましょう。なお，お子さまの絵や文が稚拙に感じられても，できていないところではなく，表現できているところを探し出して具体的にほめるようにしてください。自らの表現を認められ，内面にあるものを形にして伝えることの喜びを味わうことが，表現力を蓄えていくために必要不可欠だからです。

こたえは「解答・解説」5ページ

はってん　ぼうけんけっかの　なるほどちょうさ

　ぼうけんした　ときの　ことを　もっと　くわしく　しらべて　みよう。

あなたへの　ひみつしれい

　なつの　むしや　くさばなには　どんな　ものが　あるかを　しらべて　みよう。

しらべるのは
①～③のうち　どれか
1つでも　いいよ。

しらべかた 1

しって　いる　ひとに　きこう。

　おうちの　ひとや　せんせいなど　くわしい　ひとに　きいて　みよう。

しらべかた 2

ほんで　しらべよう。

　としょかんや　ほんやさんなどの　ほんで，なつの　むしや　くさばなに　ついて　かかれた　ものを　よもう。

しらべかた 3

インターネット《いんたーねっと》で　しらべよう。

　むしや　くさばなの　とくちょうから　しらべて　みよう。

おうちのかたへ

調べ学習は，本来小学３年生以上の社会科で行う取り組みのため，今の段階では非常に発展的な体験となります。調べ方は①～③のどれか１つでも，すべて行ってもかまいません。調べたい情報をどうすると調べられるのかを考えることも大切な学習です。外出する際は必ずお子さまにつきそい，安全等に十分注意するようにしてください。

ぼうけんを　いつ
どれくらい　やるかは
おうちの　ひとと
そうだん　しよう。

ぼうけんかの　こころえ

1　ほかの　ひとに　めいわくを　かける
べからず。
2　いえの　ものを　こわす　べからず。
3　おわったら　かたづける　べし。
4　とにかく　たのしむ　べし。

3 やるばしょ いえの　そと

とくべつしれい

いえの　そとへ
おうちの　ひとと
2で　はなした　ものを
さがしに　いこう。

なつの　むしや
くさばなが　1つでも
みつかったら，
とらずに
ひみつきちに
かえろう。

4 やるばしょ ひみつきちの　なか

ひみつきちの　なかで，あなたが　みつけた　むしや
くさばなの　なまえを　□に　かこう。

けっか

なつの　むし

なつの　くさばな

あとかたづけ

ぜんぶ　おわったら，
ひみつきちを
かたづけよう。

ぼうけん　しゅうりょう！
つぎは，なつの　むしや
くさばなはかせに　なろう。

つづく

おうちの かたへ

段取りを把握して自ら主体となって進めることで，段取り力も培います。夏の虫や草花は，地域差もありますが，夏にいる虫や夏に花が咲くような植物で，セミ，カブトムシ，ヒマワリ，アサガオ，ツユクサなどを想定しています。最後はきちんと後片付けをする力もはぐくんでおきましょう。

たいけん

いえのなかキャンプ《きゃんぷ》で　ぼうけん

さあ，わくわくするような　ぼうけんを　はじめよう。

1

ぼうけんスタート《すたーと》！

ひみつきちの　なかに
リュック《りゅっく》や　すいとうを
もって　はいろう。

2　やるばしょ
ひみつきちの　なか

とくべつしれい

いえの　まわりには　なつに　どんな　むしが　いて
どんな　くさばなが　あるかを　みんなで　はなそう。
はなした　ことを　□に　かこう。

よそう

なつの　むし

□

なつの　くさばな

□

おうちの
かたへ

あえて非日常的な空間を作ることで，お子さまの気もちを盛り上げ，ねらいを達成しやすくします。おうちのかたも冒険家になりきって，一緒に楽しんであげてください。「よそう」が違っていても否定せず「たしかめてみようね」と声をかけましょう。外に出る際は必ずお子さまにつきそい，安全等に十分注意するようにしてください。

けいけんがくしゅうと　いうのは，
たくさんの　たいけんを　する
とくべつな　きょうかだよ。その
たいけんが，あなたの　いろいろな
ちからを　のばして　いくよ。

ぼうけんで　つかう
ひみつきちを　つくるよ。

ぼうけんかの　ひみつきちを　つくろう

1　しんぶんしを　えのように
ならべて　ガムテープ《がむてーぷ》で　とめる。

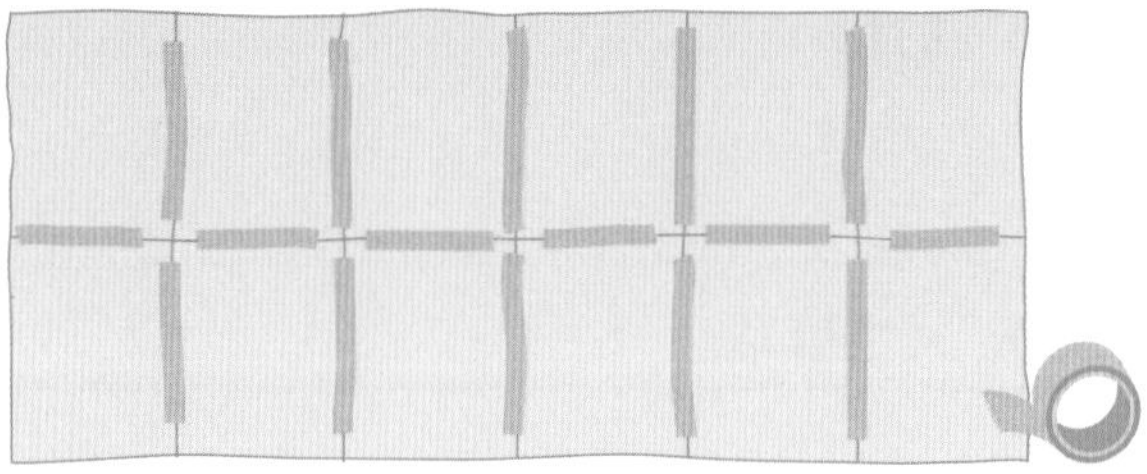

2　へやの　すみに　ガムテープ《がむてーぷ》を　1ぽん
はって，しんぶんしを　かける。

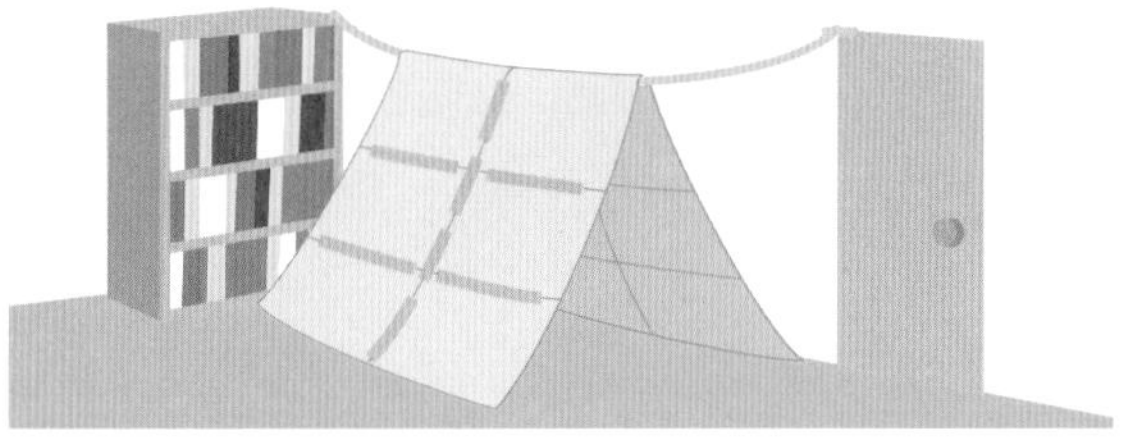

3　おもりを　のせて　できあがり。

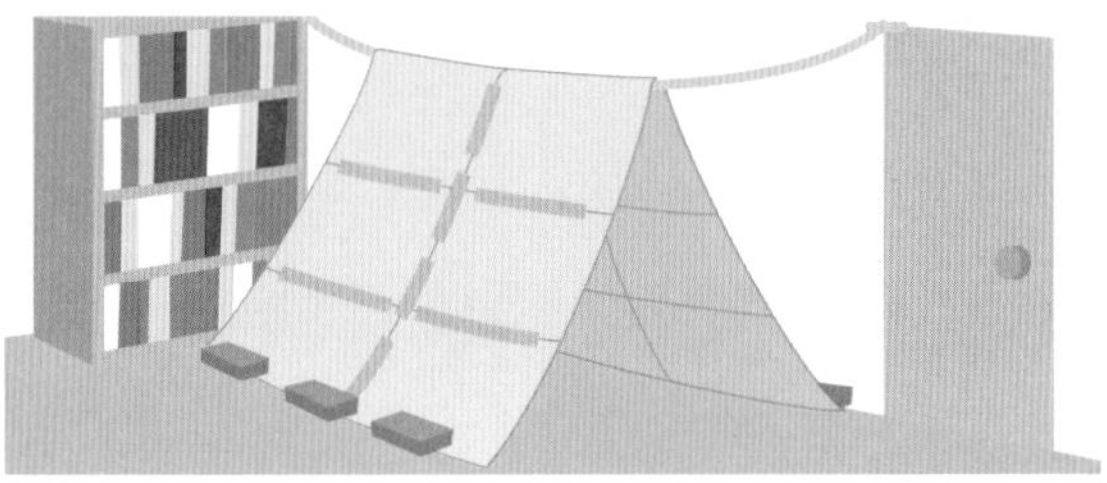

もっと　たのしく！

あんごうを　きめよう

さんすうの　もんだいを
かんがえて，それを
あんごうに　しよう。

たしざんでも
ひきざんでも
なんでも　いいよ。

つづく

おうちのかたへ

体験する内容や作り方はここに書かれている通りではなくてもかまいません。取り組みやすくなるように，ご家庭の環境にあわせて自由にアレンジしてください。暗号は秘密基地に出入りする時に言い合うようにして，お子さまのわくわく感を高めてあげましょう。秘密基地をどこにどう作るかも予めお子さまと話し合っておきましょう。

Z《ぜっと》かいオリジナル《おりじなる》　きょうか

じかんが　ある　ひに，おうちの　ひとと　いっしょに　やろう。

けいけんがくしゅうを　たのしもう

この体験のねらい　・社会の学びにつながる調べ学習の基礎力を養い，季節を感じる力をはぐくむ。

じゅんび　あなたは　なつの　ぼうけんか

まず，あなたが　ぼうけんかに　なる
ための　じゅんびを　しよう。

ようい する　もの

ぼうけんかの　ななつどうぐ

メモ《めも》ちょう　えんぴつ　リュック《りゅっく》　すいとう

さら　しんぶんし　ガムテープ《がむてーぷ》

はなしてみよう

おうちの
ひとと
だれが　どの
やくめを
するか
はなして
みよう。

たいちょう

ふくたいちょう

（　　　　　　　　）

じぶんたちで
やくわりを
かんがえよう。

おうちのかたへ　予めお子さまがおうちのかたと一緒に体験できる日を決めておきましょう。用意するもののうち，皿や水筒は，秘密基地の中で食事をしない場合は無くてもかまいません。また，新聞紙ではなく，同程度以上の大きさのちらしや使い終えたカレンダーを使ってもかまいません。お子さまが主役になるように隊長をまかせてあげてください。

へやの　すみで　ちいさな　イーマル《いーまる》が　ないて　います。

はってん

3　イーマル《いーまる》は，6さいです。ちいさな　イーマル《いーまる》は，イーマル《いーまる》より　3さい　とししたです。
ちいさな　イーマル《いーまる》は　なんさいでしょう。

しき

こたえ

イーマル《いーまる》は，おもいだしました。
「そうか！　ぼくたちが　ぼうけんして　いた　せかいは，ぼくが　ちいさい　ころに　よんだ　ほんの　なかの　せかいだ！　ほんの　もちぬしは，ちいさな　ぼくだ！」

4　ちいさな　イーマル《いーまる》は　ほんを　3さつ　もって　います。あたらしく　1さつ　もらうと，ちいさな　イーマル《いーまる》が　もって　いる　ほんは　なんさつに　なるでしょう。

しき

こたえ

「なかないで。おにいちゃんは，この　ほんを　とどけに　きたんだよ。」
イーマル《いーまる》が　ほんを　わたすと，まっしろな　ひかりに　つつまれて…。
めを　あけると，イーマル《いーまる》たちは　もとの　へやに　もどって　いました。

おわり

● おわったら　おうちの　ひとと　わくわくシール《しーる》を　はりましょう。

ドリル 8

たすのかな　ひくのかな ②

□がつ □にち

のりものは，みた　ことの　ある　いえの　まえに　つきました。

1 　かだんに　あかい　チューリップ《ちゅーりっぷ》が　2ほんと，きいろい　チューリップ《ちゅーりっぷ》が　4ほん　さいて　います。チューリップ《ちゅーりっぷ》は，あわせて　なんぼん　さいて　いるでしょう。

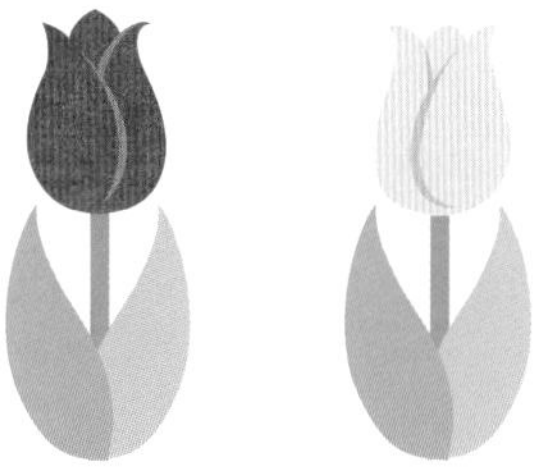

しき

こたえ

その　いえは，イーマル《いーまる》が　ちいさい　ころに　すんで　いた　いえでした。
まどから　のぞくと，へやの　なかには　たくさんの　ものが　ちらばって　います。

はってん

2 　チョコレート《ちょこれーと》が　7こ，ガム《がむ》が　8こ，あめが　9こ　あります。チョコレート《ちょこれーと》と　あめは，どちらが　なんこ　おおいでしょう。

しき

こたえ

解答・解説10・11ページには，算数ドリルのお話を掲載しています。お子さまと一緒に読んでください。

おうちのかたへ　今回の学習のねらい　・文章を読み，内容に合った正しい式を立てられるようになる。

3　りんごあめを　6ぽん　かいました。
ぶどうあめを　2ほん　かいました。
りんごあめと　ぶどうあめを　あわせて
なんぼん　かったでしょう。

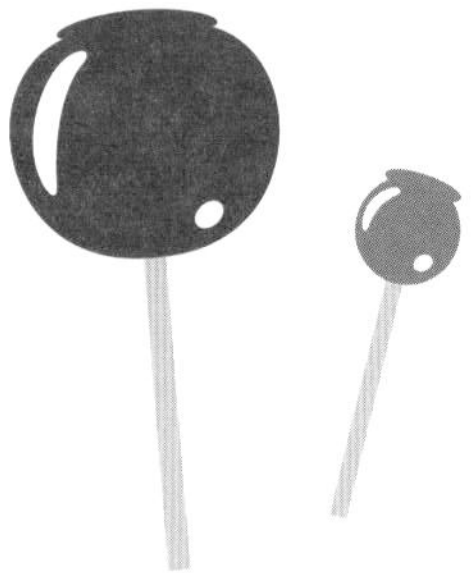

しき

こたえ

はってん
4　わたあめが　9ほん　あります。やきとりが
7ほん　あります。とうもろこしが　5ほん
あります。わたあめと　とうもろこしは
どちらが　なんぼん　おおいでしょう。

しき

こたえ

はってん
5　バス《ばす》に　のって　います。5にん　おりたので，バス《ばす》に
のって　いる　ひとは　3にんに　なりました。はじめに
バス《ばす》に　のって　いた　ひとは　なんにんでしょう。

しき

こたえ

● おわったら　おうちの　ひとと　わくわくシール《しーる》を　はりましょう。

8 たすのかな　ひくのかな ②

□がつ □にち

1　おまつりに　きて　いる　8にんの　うち，うちわを　もって　いる　ひとは　4にん　います。
うちわを　もって　いない　ひとは　なんにんでしょう。

しき

こたえ

はってん

2　ふえを　ふいて　いる　ひとが　10にん　います。たいこを　たたいて　いる　ひとは　ふえを　ふいて　いる　ひとより　7にん　すくないそうです。
たいこを　たたいて　いる　ひとは　なんにんでしょう。

しき

こたえ

はってん
2

　きごうで　かくれて　いる　かずを　□に　かきましょう。おなじ　きごうには　おなじ　かずが　かくれて　います。

① ◇＋2＝10　　7－2＝☆

　△＋4＝6　　9－○＝5

◇は □，☆は □，△は □，○は □

② ⬠＋1＝8　　8－☽＝5

　3＋☽＝□　　⬠－□＝◎

⬠は □，☽は □，□は □，◎は □

　イーマル《いーまる》たちが　あんごうを　とくと，とつぜん　ピー《ぴー》，ピー《ぴー》！　と　おとが　なりだし，つぎの　しゅんかん，のりものは　イーマル《いーまる》たちを　のせて　きえて　しまいました。

● おわったら　おうちの　ひとと　わくわくシール《しーる》を　はりましょう。

ドリル 8 に　つづく

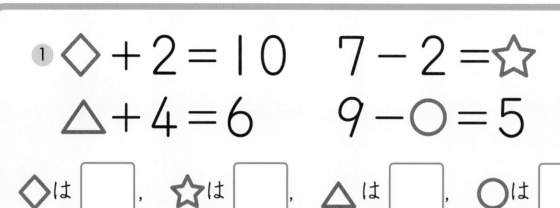

ドリル 7

たすのかな　ひくのかな ①

□がつ　□にち

　ほんの　なかの　しろい　ページ《ぺーじ》は，いままで　いった　まちの　ことで　ぜんぶ　うまりましたが，ほんの　もちぬしは　みつかりません。
　イーマル《いーまる》たちは　もういちど　イレーバ《いれーば》の　うらないの　みせに　きました。

1　ぬりかた を　みて，こたえが　おなじに　なる　ところに　おなじ　いろを　ぬりましょう。

ぬりかた

こたえが　5…みどりいろ，6…きいろ，7…ちゃいろ

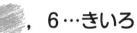

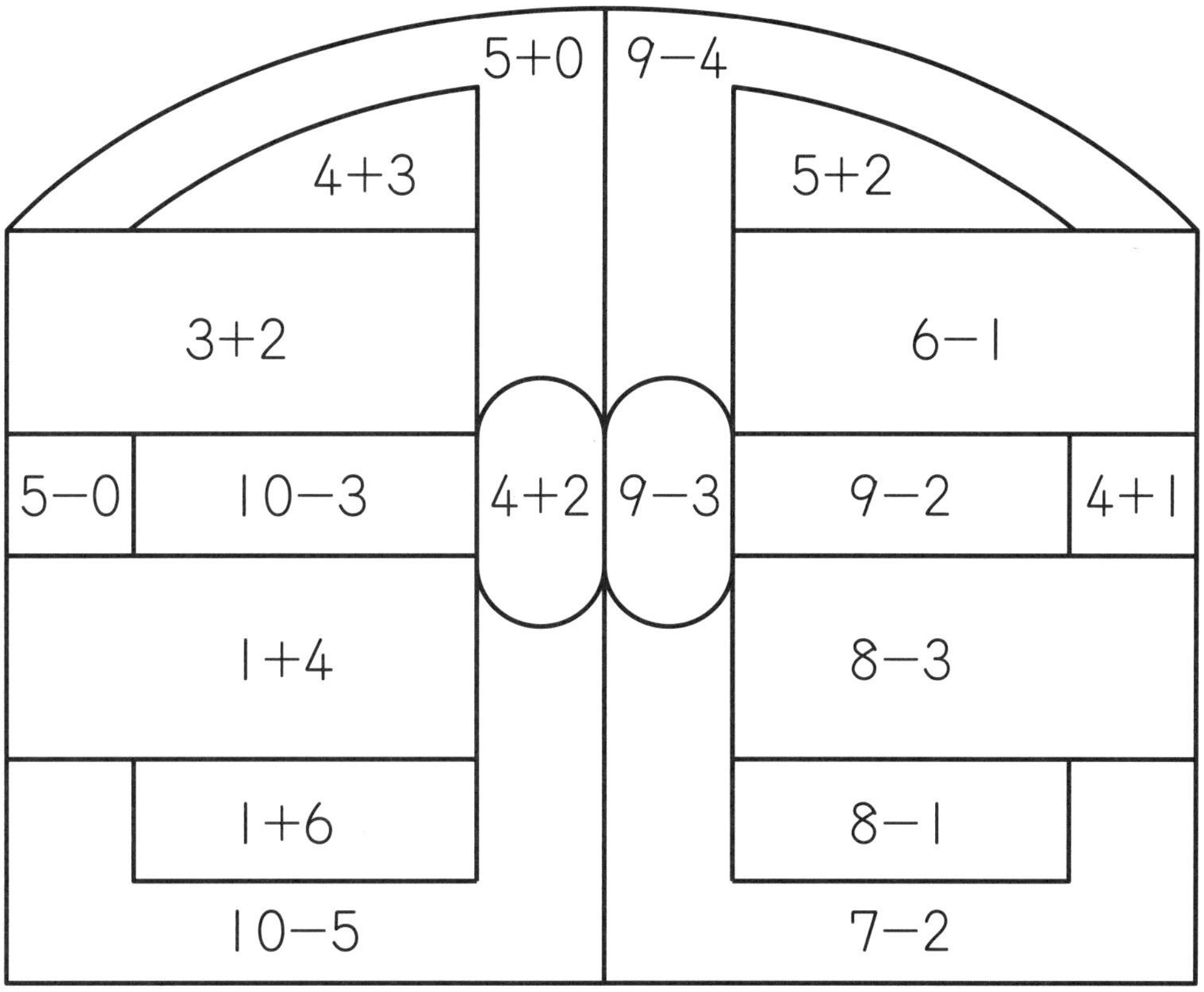

　イレーバ《いれーば》の　みせの　おくの　とびらを　あけると，のりものが　ありました。あんごうを　とくと，べつの　せかいに　いける　のりもののようです。

解答・解説 10・11 ページには，算数ドリルのお話を掲載しています。お子さまと一緒に読んでください。

おうちのかたへ	今回の学習のねらい	・たし算とひき算の理解を深める。 ・たし算とひき算を的確に使い分けられるようになる。

3 えを　みて，□に　あてはまる　かずや　しきを　かきましょう。

1　トマト《とまと》が　□　こ　あります。かぼちゃが　□　こ　あります。トマト《とまと》と　かぼちゃは　あわせて　□　こです。しきに　かくと，

しき　□　　こたえ　□　こ

はってん
2　トマト《とまと》と　かぼちゃは　あわせて　□　こ　あります。ピーマン《ぴーまん》は　□　こ　あります。トマト《とまと》と　かぼちゃと　ピーマン《ぴーまん》は　ぜんぶで　□　こです。しきに　かくと，

しき　□　　こたえ　□　こ

3　きゅうりが　□　ほん　あります。なすが　□　ほん　あります。なすは　きゅうりより　□　ほん　おおいです。しきに　かくと，

しき　□

こたえ　なすは　きゅうりより　□　ほん　おおい。

● おわったら　おうちの　ひとと　わくわくシール《しーる》を　はりましょう。

こたえは「解答・解説」9ページ

7 たすのかな　ひくのかな ①

□がつ□にち

1　こたえが　おなじに　なるように　•と　∘を　せんで　むすびましょう。

3－2 •	∘ 2＋6
7＋3 •	∘ 2＋2
9－5 •	∘ 8－2
4＋4 •	∘ 4－3
5＋1 •	∘ 6＋4

2　ただしい　しきに　なるように，□に　「＋」か　「－」を　かきましょう。

① 5 □ 5＝0　　② 5 □ 5＝10

③ 9 □ 8＝1　　④ 3 □ 2＝1

⑤ 3 □ 3＝6　　⑥ 6 □ 1＝5

⑦ 4 □ 2＝2　　⑧ 1 □ 7＝8

3 あかい　きのみが　7こ　あります。
きいろい　きのみが　6こ　あります。
どちらの　きのみが　なんこ　おおいでしょう。

しき

こたえ

キージー《きーじー》は　たかい　ところに　います。イーマル《いーまる》は，にじの　たねを　まき，みずの　ほうせきで　あめを　ふらせ，ひかる　いしで　ひかりを　てらして　にじの　かいだんを　つくりました。

4 にじの　かいだんは　ぜんぶで　10だんです。6だん　あがりました。
いちばん　うえまで　あがるには　あと　なんだん　あがれば　よいでしょう。

しき

こたえ

キージー《きーじー》に　はなしを　ききますが，どうやら　しろい　ほんを　みた　ことが　ないようです。
しろい　ほんは，この　せかいの　ものでは　ないらしいのです。

● おわったら　おうちの　ひとと
わくわくシール《しーる》を　はりましょう。

ドリル 7 に　つづく

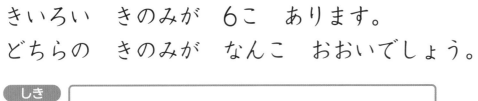

ドリル 6

ひきざん　ぶんしょうだい

がつ　　にち

くもの　まちでも　ほんの　もちぬしは　みつかりませんでした。
イーマル《いーまる》たちは，きの　まちに　きました。

1　そらを　とぶ　ばしゃに　7にん　のって　います。3にん　おりると，ばしゃに　のって　いる　ひとは　なんにんに　なるでしょう。

しき

こたえ

イーマル《いーまる》たちは，こうえんに　いる　こどもたちに　ほんの　ことを　きいて　みます。

2　こうえんに　いる　9にんの　こどもの　うち，4にんが　ぼうしを　かぶって　います。ぼうしを　かぶって　いない　こどもは　なんにんでしょう。

しき

こたえ

こどもたちは　ほんの　ことを　しりませんでしたが，なんでも　しって　いる　キージー《きーじー》の　ところに　つれて　いって　くれるそうです。

おうちの かたへ	今回の 学習のねらい	・文章題をとおして，ひき算の意味を理解する。 ・問題文に合ったひき算の式を立てられるようになる。

3 8にんで　すいぞくかんに　いきました。そのうち，こどもは　3にん　いて，のこりの　ひとは　おとなです。おとなは　なんにん　いるでしょう。

しき

こたえ

4 かにが　8ひき　います。
かめが　6ぴき　います。
かにと　かめは　どちらが　なんびき　おおいでしょう。

しき

こたえ

5 ペンギン《ぺんぎん》が　10わ　います。
そのうち，およいで　いる　ペンギン《ぺんぎん》は
5わです。およいで　いない
ペンギン《ぺんぎん》は　なんわでしょう。

しき

こたえ

● おわったら　おうちの　ひとと　わくわくシール《しーる》を　はりましょう。

算数1　ドリル1　算数2　ドリル2　算数3　ドリル3　算数4　ドリル4　算数5　ドリル5　算数6　ドリル6　算数7　ドリル7　算数8　ドリル8　経験　ドリル8　国語8　ドリル7　国語7　ドリル6　国語6　ドリル5　国語5　ドリル4　国語4　ドリル3　国語3　ドリル2　国語2　ドリル1　国語1

こたえは「解答・解説」8ページ

6　ひきざん　ぶんしょうだい

　がつ　　にち

1　れいぞうこに　アイス《あいす》が　9ほん　はいって　います。
3ぼん　とりだして　たべると，れいぞうこの　アイス《あいす》は
なんぼんに　なるでしょう。

しき

こたえ

2　しゅくだいの　プリント《ぷりんと》が　7まい　あります。
そのうちの　2まいを　やると，やって　いない
しゅくだいの　プリント《ぷりんと》は　なんまいに　なるでしょう。

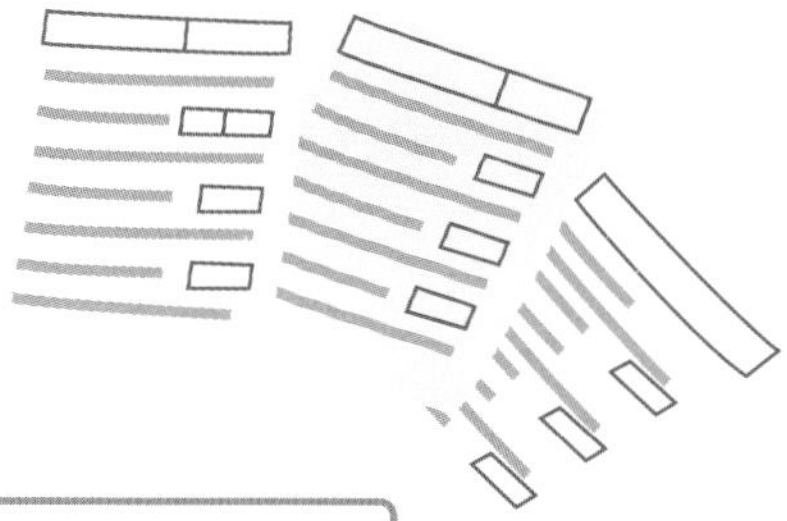

しき

こたえ

イーマル《いーまる》たちも　ほしぐもを　あつめる　たいかいに　でます。

3　えを　みて，もんだいに　こたえましょう。

1　ミルマリ《みるまり》と　イワンコ《いわんこ》が　あつめた　ほしぐもの
かずだけ　□に　かずを　かきましょう。

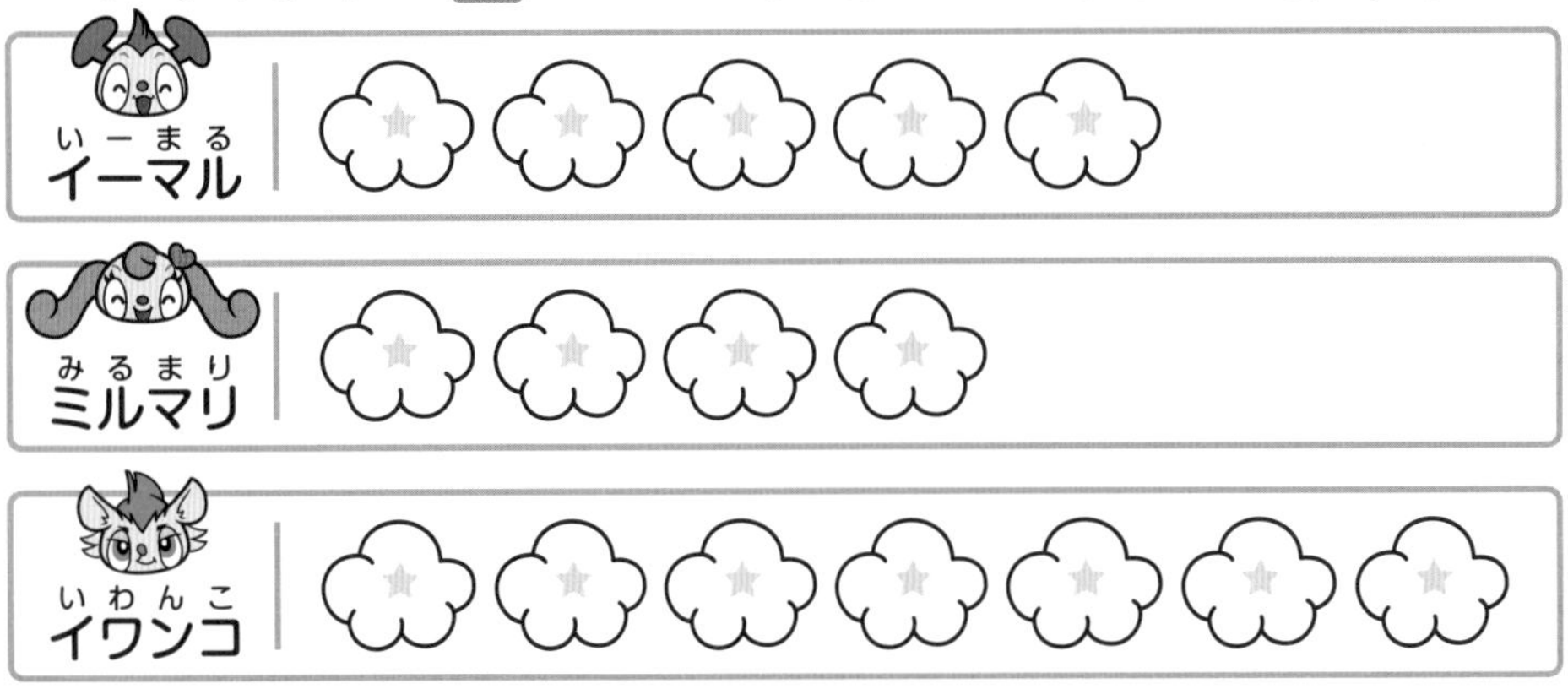

イーマル　5 こ
ミルマリ　□ こ
イワンコ　□ こ

2　イーマル《いーまる》と　ミルマリ《みるまり》は　どちらが　なんこ　おおく
ほしぐもを　あつめたでしょう。□に　あてはまる
かずや　ことばを　かきましょう。

しき　□ − □ ＝ □

こたえ　□ が □ こ　おおく　あつめた。

はってん
3　あつめた　ほしぐもが　いちばん　おおい　ひとと，
いちばん　すくない　ひとでは　なんこ　ちがうでしょう。
□に　あてはまる　かずを　かきましょう。

しき　□ − □ ＝ □　　こたえ　□ こ

● おわったら　おうちの　ひとと
わくわくシール《しーる》を　はりましょう。

ドリル 6 に　つづく

イーマルの いえ
みずの まち
ひの まち
つちの まち
くもの まち

算数1 ドリル1 算数2 ドリル2 算数3 ドリル3 算数4 ドリル4 算数5 ドリル5 算数6 ドリル6 算数7 ドリル7 算数8 ドリル8 経験 ドリル8 国語8 ドリル7 国語7 ドリル6 国語6 ドリル5 国語5 ドリル4 国語4 ドリル3 国語3 ドリル2 国語2 ドリル1 国語1

ドリル 5

ひきざん

□がつ □にち

イーマル《いーまる》たちは　くもの　まちに　つきました。
カルイモ《かるいも》を　たべて　くもの　うえに　のる　ことに　します。

1

□に　あてはまる　かずを　かきましょう。

カルイモ《かるいも》が　6こ　あります。そのうちの　3こを　たべると，のこりは　□こです。

しきに　かくと，

しき　□ − □ ＝ □

こたえ　□こ

すこし　あるくと，ひとが　たくさん　あつまって　いる　ばしょに　つきました。
くもで　できた　くるま　「クモルマ《くもるま》」に　のって　を　あつめる　たいかいが　あるようです。
ほしぐも

2

□に　あてはまる　かずや　ことばを　かきましょう。

あかい　クモルマ《くもるま》が　5だい，あおい　クモルマ《くもるま》が　7だい　あります。どちらの　クモルマ《くもるま》が　なんだい　おおいでしょう。

しき　□ − □ ＝ □

こたえ　□　クモルマ《くもるま》が　□だい　おおい。

 解答・解説 10・11 ページには，算数ドリルのお話を掲載しています。お子さまと一緒に読んでください。

おうちのかたへ	今回の学習のねらい	・絵を見て，求残（のこりはいくつ），求部分（ひくといくつ），求差（ちがいはいくつ）の場面を理解し，式で表せるようになる。

3 えを　みて，もんだいに　こたえましょう。

① すいかと　メロン《めろん》の　かずだけ　◯《まる》に　いろを　ぬりましょう。

	◯◯◯◯◯◯◯◯◯◯
	◯◯◯◯◯◯◯◯◯◯

② すいかと　メロン《めろん》は　どちらが　なんこ　おおいでしょう。□に　あてはまる　かずや　ことばを　かきましょう。

しき　□－□＝□

こたえ　□が　□こ　おおい。

4 けいさんを　しましょう。

① 8－1　② 5－3

③ 3－3　④ 9－6

⑤ 10－5　⑥ 6－2

● おわったら　おうちの　ひとと　わくわくシール《しーる》を　はりましょう。

こたえは「解答・解説」8ページ

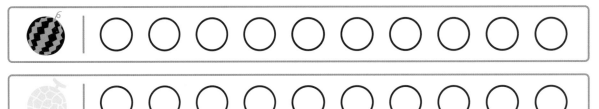

5 ひきざん

□がつ□にち

1 えを　みて，□に　あてはまる　かずを　かきましょう。

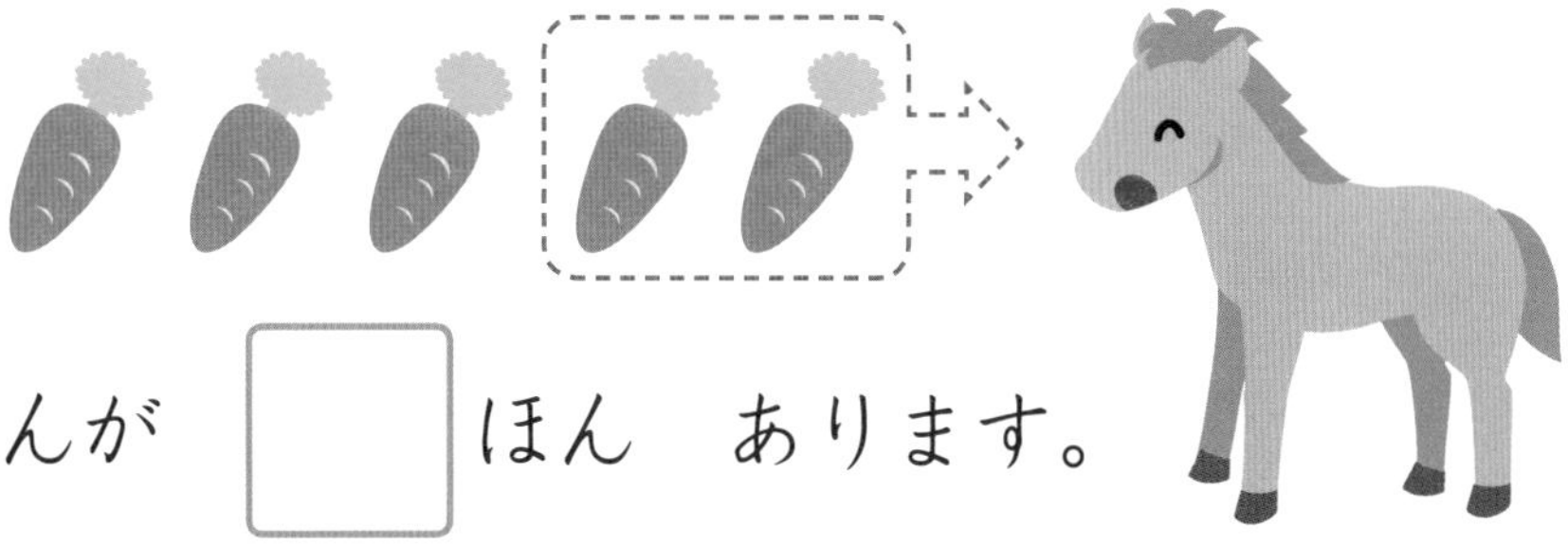

にんじんが　□　ほん　あります。

そのうちの　□　ほんを　うまが　たべると，のこりの

にんじんは　□　ぼんに　なります。

しきに　かくと，

しき　□　−　□　＝　□　　こたえ　□　ぼん

2 えを　みて，□に　あてはまる　かずを　かきましょう。

□　びきの　さるが　います。その　なかで，バナナ《ばなな》を

もって　いる　さるは　□　ひきです。

バナナ《ばなな》を　もって　いない　さるは　なんびきでしょう。

しき　□　−　□　＝　□　　こたえ　□　ぴき

3　イーマル《いーまる》は　いもを　4こ　ほりました。ミルマリ《みるまり》は　いもを　2こ　ほりました。ほった　いもは　あわせて　なんこでしょう。

しき

こたえ

イーマル《いーまる》たちは，てつだいを　した　おれいに　カルイモ《かるいも》と　いう　たべると　からだが　かるく　なる　いもと，にじの　たねを　もらいました。

くもの　うえにも　まちが　ある　ことを　おしえて　もらった　イーマル《いーまる》たちは，そらを　とぶ　ばしゃに　のり，ほんの　もちぬしを　さがしに　いきます。

4　そらを　とぶ　ばしゃに　ひとが　4にん　のって　います。そこに　3にん　のると　ばしゃに　のって　いる　ひとは　ぜんぶで　なんにんに　なるでしょう。

しき

こたえ

● おわったら　おうちの　ひとと　わくわくシール《しーる》を　はりましょう。

ドリル 5 に　つづく

ドリル 4

たしざん　ぶんしょうだい

□がつ □にち

ほんには，もって　いる　ひとが　いった　まちの　ことが　かかれて　いくようです。
ぼうけんを　つづける　イーマル《いーまる》たちは　ふしぎな　やさいや　くだものを　つくって　いる　つちの　まちに　きました。

1　かごの　なかに　やさいが　4こ　はいって　います。イワンコ《いわんこ》が　そこに　やさいを　5こ　いれると，かごの　なかの　やさいは　ぜんぶで　なんこに　なるでしょう。

しき

こたえ

はってん

2　きいろの　くだものが　3こ　あります。みどりいろの　くだものは，きいろの　くだものより　2こ　おおいそうです。みどりいろの　くだものは　なんこ　あるでしょう。

しき

こたえ

イーマル《いーまる》たちは　やさいや　くだものを　とる　てつだいを　しながら　ほんの　ことを　ききますが，ほんの　もちぬしは　みつかりません。

 解答・解説 10・11 ページには，算数ドリルのお話を掲載しています。お子さまと一緒に読んでください。

おうちのかたへ

今回の学習のねらい
- 文章題をとおして，たし算の意味を理解する。
- 問題文に合ったたし算の式を立てられるようになる。

3　いちごの　かきごおりが　2こ，
レモン《れもん》の　かきごおりが　3こ
あります。かきごおりは　あわせて
なんこ　あるでしょう。

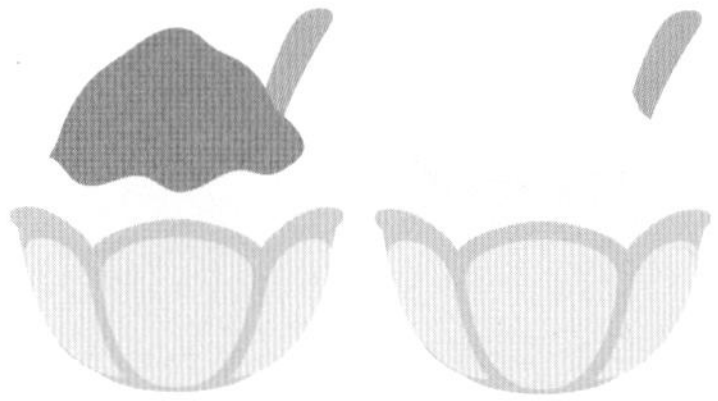

しき

こたえ

4　すいそうに　めだかが　8ひき　います。そこに
めだかを　2ひき　いれると，すいそうの　なかの
めだかは　ぜんぶで　なんびきに　なるでしょう。

しき

こたえ

はってん

5　あかい　あさがおが　7こ　さいて　います。あおい
あさがおは，あかい　あさがおより　2こ
おおく　さいて　います。あおい　あさがおは
なんこ　さいて　いるでしょう。

しき

こたえ

● おわったら　おうちの　ひとと　わくわくシール《しーる》を　はりましょう。

こたえは「解答・解説」7ページ

4　たしざん　ぶんしょうだい

がつ　　にち

1　さかなつりを　しました。イーマル《いーまる》は　さかなを　3びき　つり，イワンコ《いわんこ》は　さかなを　5ひき　つりました。つった　さかなは　あわせて　なんびきでしょう。

しき

こたえ

2　せみを　とりに　いきました。イーマル《いーまる》は　6ぴき，ミルマリ《みるまり》は　1ぴき　とりました。ミルマリ《みるまり》が　とった　せみを　イーマル《いーまる》に　あげると，イーマル《いーまる》の　せみは　ぜんぶで　なんびきに　なるでしょう。

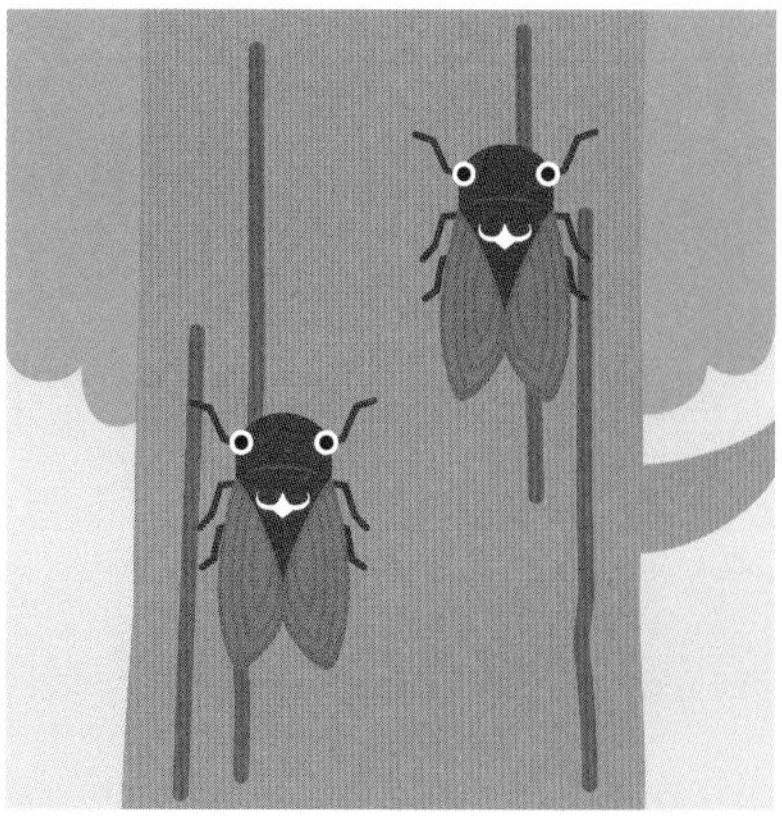

しき

こたえ

2 はこの なかに あかい たまが はいって います。そこに あおい たまを いれると，たまは ぜんぶで なんこに なるでしょう。

□に あてはまる かずを かきましょう。

1 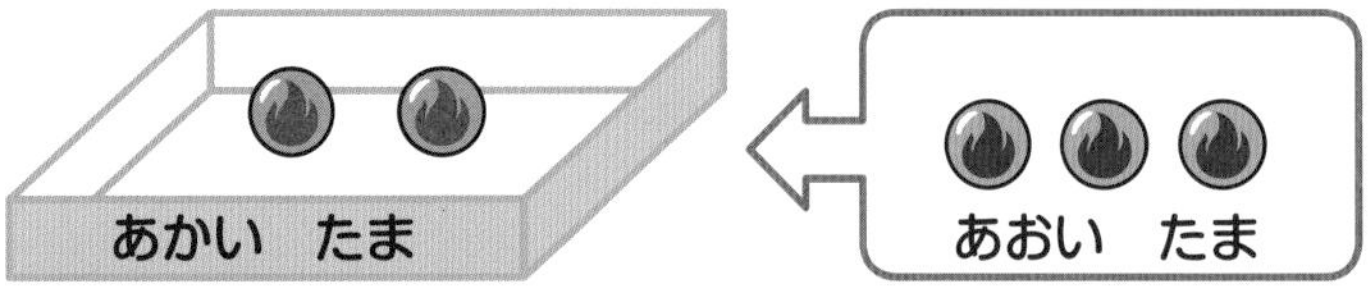

しき 2＋□＝□ こたえ □こ

2 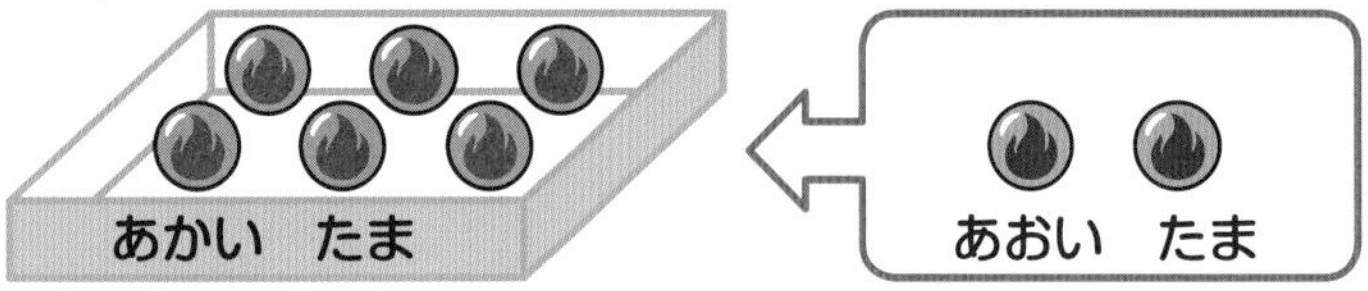

しき 6＋□＝□ こたえ □こ

ひの まちの はなびが うちあがりました。

3 はなびが 3ぱつ あがりました。そのあと，4はつ あがりました。はなびは，ぜんぶで なんぱつ あがったでしょう。

□に あてはまる かずを かきましょう。

しき □＋□＝□ こたえ □はつ

イーマル《いーまる》は，ひかる いしを もらいました。
イワンコ《いわんこ》が，ふと ほんを ひらくと，リンプ《りんぷ》の ショー《しょー》や，はなびの えが かかれて いました。

● おわったら おうちの ひとと わくわくシール《しーる》を はりましょう。

ドリル4に つづく

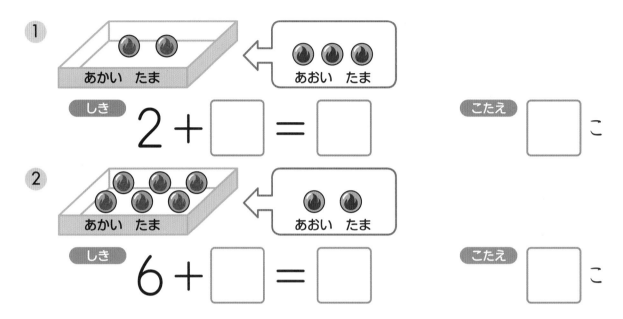

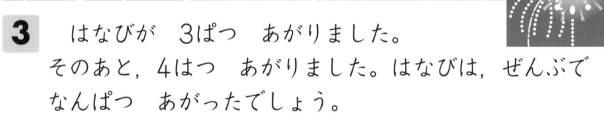

ドリル 3

たしざん

□がつ □にち

イーマル《いーまる》たちは，おまつりを　して　いる　ひの　まちに　きました。

1　えを　みて，□に　あてはまる　かずを　かきましょう。

① たこやきは，ぜんぶで
なんこでしょう。

しき　□＋□＝□　　こたえ　□こ

② かざぐるまは，ぜんぶで
なんぼんでしょう。

しき　□＋□＝□　　こたえ　□ほん

③ わたあめは，ぜんぶで
なんぼんでしょう。

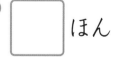

しき　□＋□＝□　　こたえ　□ほん

イーマル《いーまる》たちは，おみせの　ひとに　ほんの　ことを　ききますが，しって　いる　ひとは　いません。ほかの　ひとにも　きくために　あるきまわって　いた　イーマル《いーまる》は，はなびの　じゅんびを　して　いる　ひとの　ところに　きました。

解答・解説 10・11 ページには，算数ドリルのお話を掲載しています。お子さまと一緒に読んでください。

おうちのかたへ	今回の学習のねらい	・絵を見て，合併（あわせていくつ）や増加（ふえるといくつ）の場面を理解し，式で表せるようになる。

3 えを　みて，□に　あてはまる　かずを　かきましょう。

きに　□　ひきの　カブトムシ《かぶとむし》が　います。そこに　□　びきの　カブトムシ《かぶとむし》が　とんで　きて，きに　とまりました。きに　いる　カブトムシ《かぶとむし》は　ぜんぶで　□　ひきに　なりました。

しきに　かくと，

しき　□ ＋ □ ＝ □

こたえ　□　ひき

4 □に　あてはまる　かずを　かきましょう。

① 1＋□＝4

② 2＋□＝7

③ 3＋□＝5

④ □＋3＝8

⑤ □＋2＝10

⑥ □＋4＝6

● おわったら　おうちの　ひとと　わくわくシール《しーる》を　はりましょう。

3 たしざん

□がつ　□にち

1　えを　みて，□に　あてはまる　かずを　かきましょう。

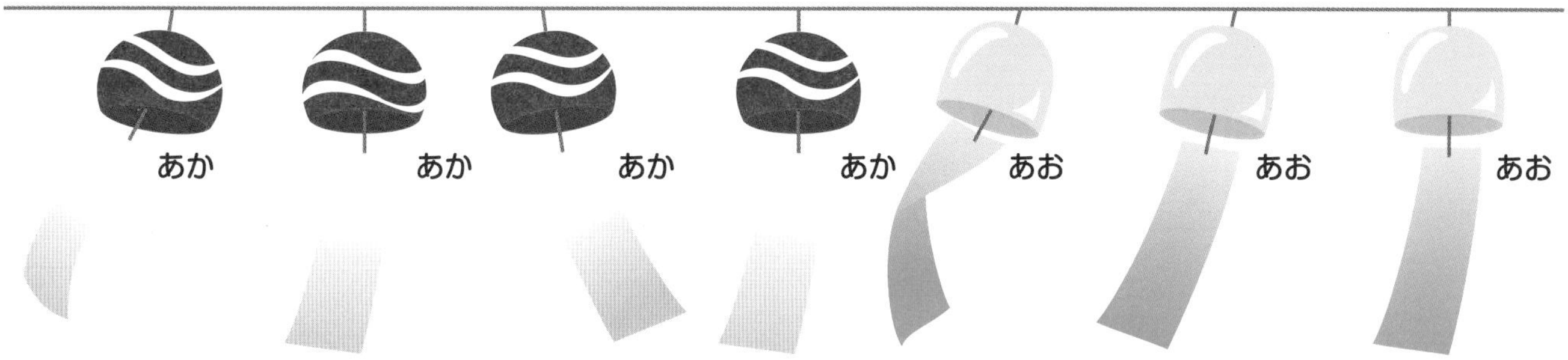

あかい　ふうりんが　□こ　あります。

あおい　ふうりんが　□こ　あります。

ふうりんは　あわせて　□こです。

しきに　かくと，

しき　□＋□＝□　　こたえ　□こ

2　けいさんを　しましょう。

① 2＋3　　② 6＋3

③ 5＋1　　④ 3＋4

⑤ 1＋8　　⑥ 4＋6

みずうみに　うかんで　いる　あわに　はいって，みずの　まちに　いきます。

2　あわは，あと　なんこで　10こに　なるでしょう。
□に　あてはまる　かずを　かきましょう。

1

あと □ こ。

2

あと □ こ。

3

あと □ こ。

リンプ《りんぷ》の　ショー《しょー》が　はじまりました。リンプ《りんぷ》の　きょうだいたちも　ショー《しょー》に　でます。

3　えを　みて，□に　あてはまる　かずを　かきましょう。

1　えびは　ぜんぶで　□　ひき　います。

2　ぼうしを　かぶって　いる　えびは　□　びきで，
ぼうしを　かぶって　いない　えびは　□　ひきです。

3　あかい　リボン《りぼん》の　えびは　□　ひきで，みどりの　リボン《りぼん》の　えびは　□　ぴきで，あおい　リボン《りぼん》の　えびは　□　ひきです。

リンプ《りんぷ》は，みずの　ほうせきを　くれました。

● おわったら　おうちの　ひとと
わくわくシール《しーる》を　はりましょう。

ドリル 3 に　つづく

こたえは「解答・解説」6ページ

ドリル 2

いくつと　いくつ

□がつ □にち

イレーバ《いれーば》の　うらないに　よると，ほんを　もちぬしに　とどけて　あげれば，イーマル《いーまる》たちは　もとの　ばしょに　もどれるそうです。

イーマル《いーまる》たちは，ほんの　もちぬしを　さがす　ぼうけんに　でかけます。

イーマル《いーまる》が　みせを　でると，そとを　はしって　いた　だれかと　ぶつかって　しまいました。

1　したの　えを　みて，□に　あてはまる　かずを　かきましょう。

①

くろい　ぼうしが　□こと，あかい　ぼうしが　□こ。ぼうしは　ぜんぶで　□こ。

②

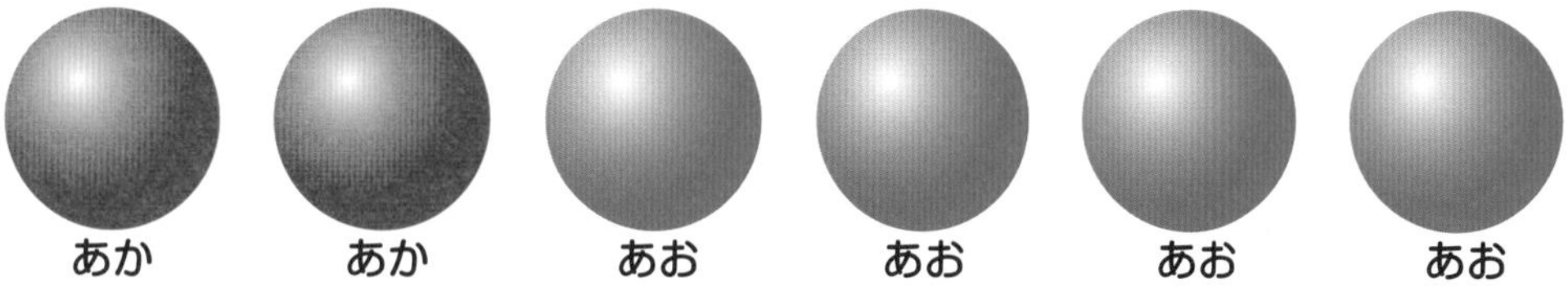

あかい　ボール《ぼーる》が　□こと，あおい　ボール《ぼーる》が　□こ。ボール《ぼーる》は　ぜんぶで　□こ。

イーマル《いーまる》と　ぶつかったのは，みずの　まちで　ショー《しょー》を　する　えびの　リンプ《りんぷ》でした。イーマル《いーまる》たちは，ほんの　もちぬしを　さがしに　みずうみの　したの　みずの　まちに　つれて　いって　もらいます。

おうちのかたへ	今回の学習のねらい	・数の分解や合成をとおして，数を多面的にとらえられるようになる。

3 きんぎょすくいを　します。どの　すいそうも
さいしょに　いる　きんぎょは　10ぴきです。
□に　あてはまる　かずを　かきましょう。

① イーマル《いーまる》が　あおい　すいそうから　3びき
とりだすと，あおい　すいそうの　なかには　□ひき。

② ミルマリ《みるまり》が　あかい　すいそうから　4ひき
とりだすと，あかい　すいそうの　なかには　□ぴき。

③ イワンコ《いわんこ》が　みどりの　すいそうから　8ひき
とりだすと，みどりの　すいそうの　なかには　□ひき。

4 あかい　ボール《ぼーる》と　あおい　ボール《ぼーる》が　あわせて
10こに　なるように　•と　∘を　せんで　むすびましょう。

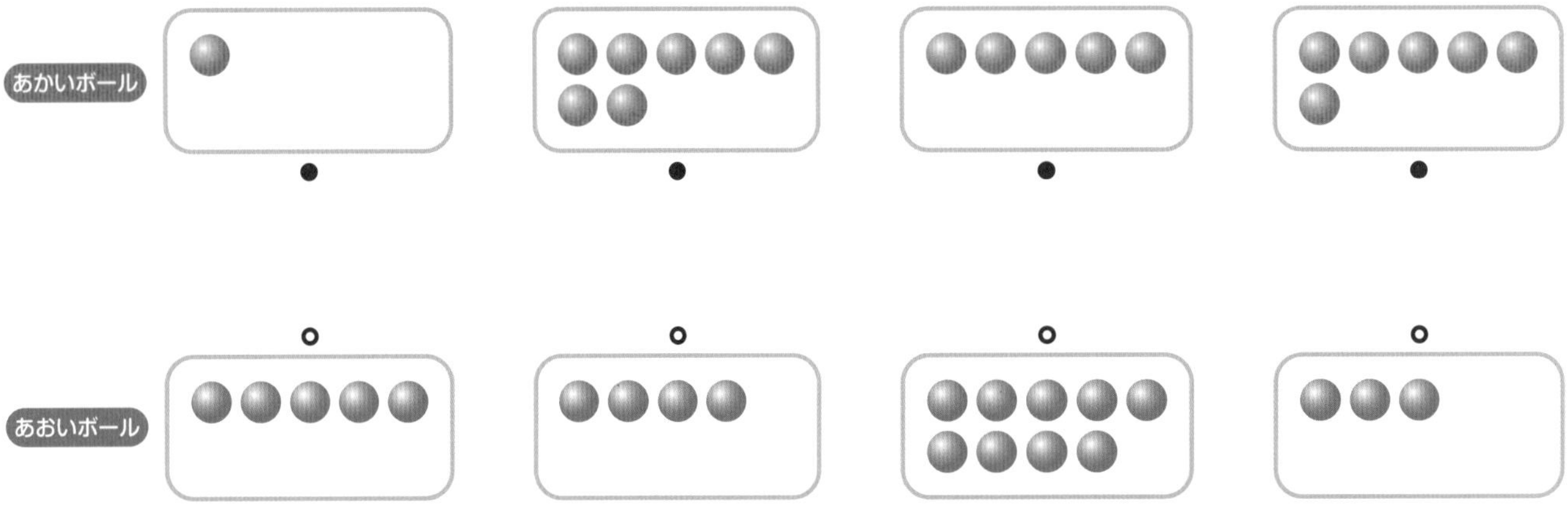

● おわったら　おうちの　ひとと　わくわくシール《しーる》を　はりましょう。

2 いくつと　いくつ

□がつ□にち

1 □に　あてはまる　かずを　かきましょう。

① 3と　4で　□　　② 6と　2で　□

③ 2と　□　で　9　　④ □　と　2で　6

はってん
⑤ 1と　3と　2で　□

5 ヒント《ひんと》　●　と　●●●　と　●●　で　?

2 □に　あてはまる　かずを　かきましょう。

① 5は　1と　□　　② 8は　□　と　3

③ 4は　3と　□　　④ □　は　1と　6

はってん
⑤ 9は　5と　2と　□

5 ヒント《ひんと》　●●●●●●●●●　は　●●●●●○○○○○　と　○○○○○●●○○○　と　?

2　えを　みて，□に　あてはまる　かずを　かきましょう。

みぎから □ ばんめは　レストラン《れすとらん》です。

ひだりから □ ばんめは　ケーキ《けーき》やさんです。

みぎから □ ばんめは　うらないの　みせです。

イーマル《いーまる》たちは，うらないし　イレーバ《いれーば》に　うらなって　もらいます。

はってん

3　カード《かーど》が　ならんで　います。イーマル《いーまる》が　えらんだ　カード《かーど》を　あおで，ミルマリ《みるまり》が　えらんだ　カード《かーど》を　あかで　ぬりましょう。

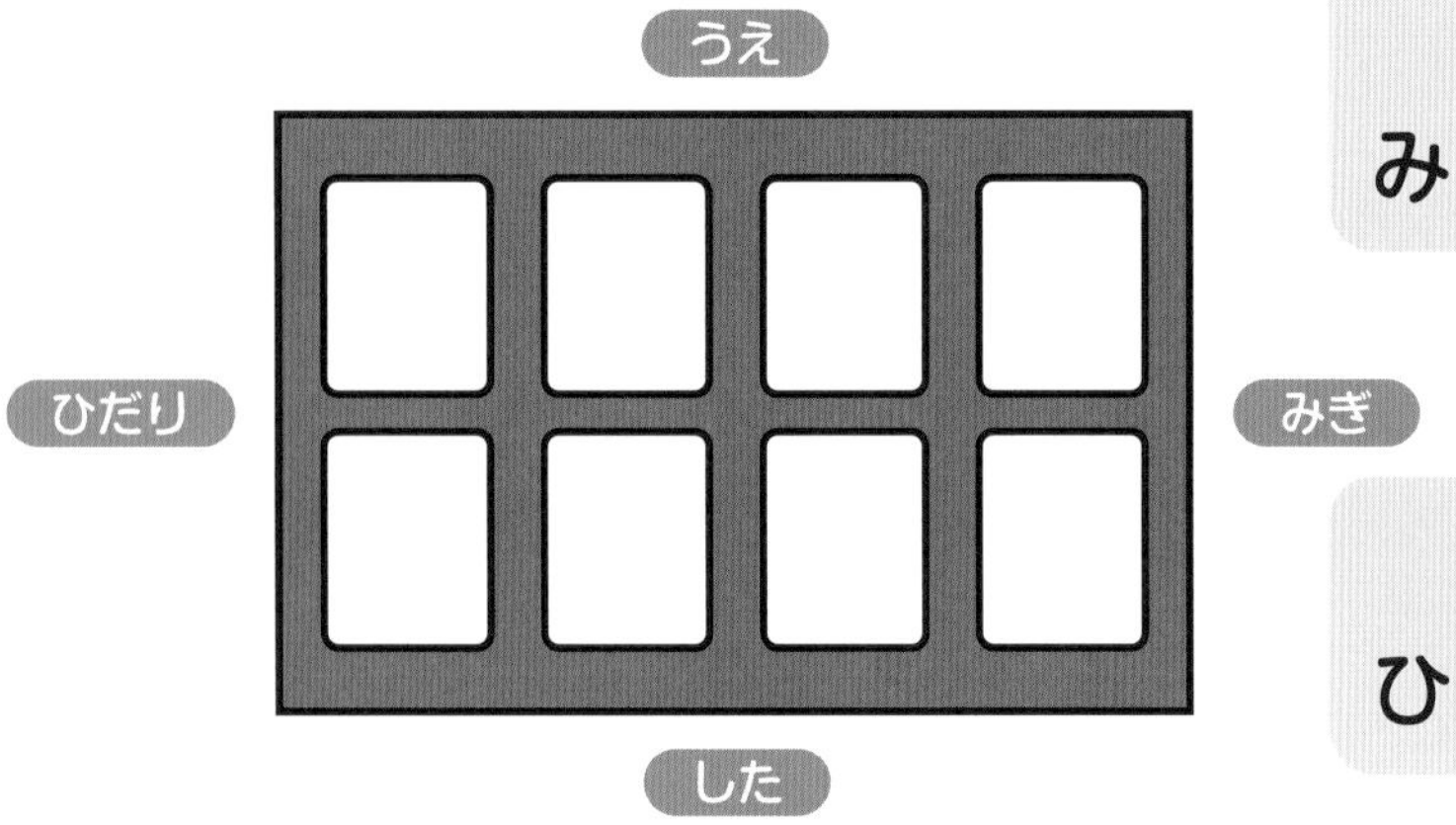

うえの　れつの
みぎから　3まいめ。

したの　れつの
ひだりから　2まい。

● おわったら　おうちの　ひとと
わくわくシール《しーる》を　はりましょう。

ドリル 2 に　つづく

ドリル 1

なんばんめ

□がつ　□にち

イーマル《いーまる》の　いえに　ミルマリ《みるまり》と　イワンコ《いわんこ》が　あそびに　きました。

1　えを　みて，□に　あてはまる　かずを　かきましょう。

① たなは　ぜんぶで

□だん　あります。

② うえから　□だんめに

ぼうしが　あります。

③ したから　□だんめに

しろい　ほんが　あります。

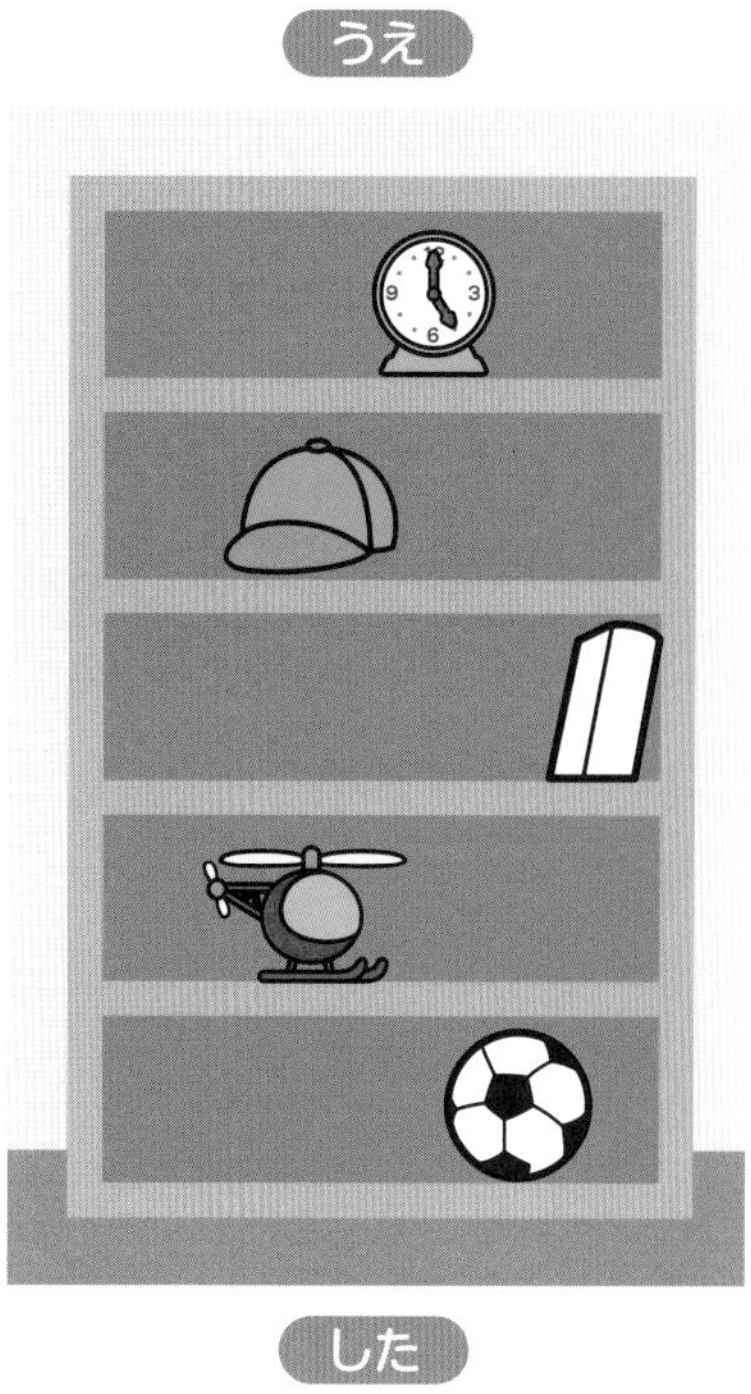

ミルマリ《みるまり》が，イーマル《いーまる》の　へやの　たなで　なにも
かかれて　いない　まっしろな　ほんを　みつけました。
イーマル《いーまる》が　その　ほんを　ひらくと…。

イーマル《いーまる》たちは，しらない　まちに　きて　しまいました。
ミルマリ《みるまり》が　まちの　ひとに　はなしを　ききます。

解答・解説 10・11 ページには，算数ドリルのお話を掲載しています。お子さまと一緒に読んでください。

おうちのかたへ　今回の学習のねらい
- 順序数の意味や集合数との違いを確認する。
- 数を利用して物の位置や順番を表す方法を理解する。

はってん

3

のみものが　ならんで　います。□に　あてはまる　かずや　のみものの　なまえを　かきましょう。

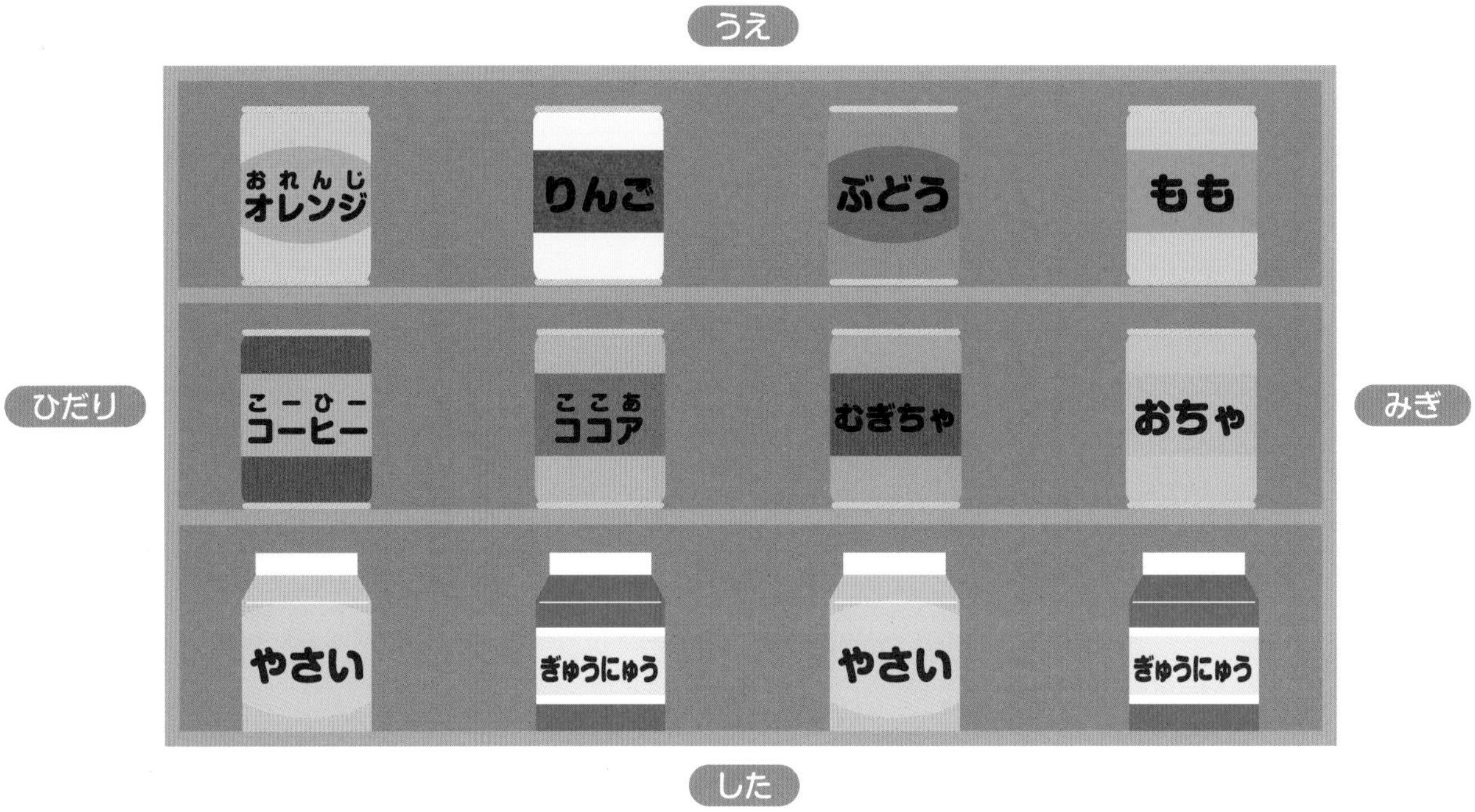

1　りんごジュース《じゅーす》は，いちばん　うえの　だんの　みぎから　□ぼんめに　あります。

2　ココア《ここあ》は，うえから　□だんめの　ひだりから　□ほんめに　あります。

3　ぎゅうにゅうは，いちばん　したの　だんの　ひだりから　□ほんめと　□ほんめに　あります。

4　したから　2だんめの　みぎから　2ほんめには，□が　あります。

● おわったら　おうちの　ひとと　わくわくシール《しーる》を　はりましょう。

1 なんばんめ

□がつ □にち

1 きごうが かかれた カード《かーど》が ならんで います。

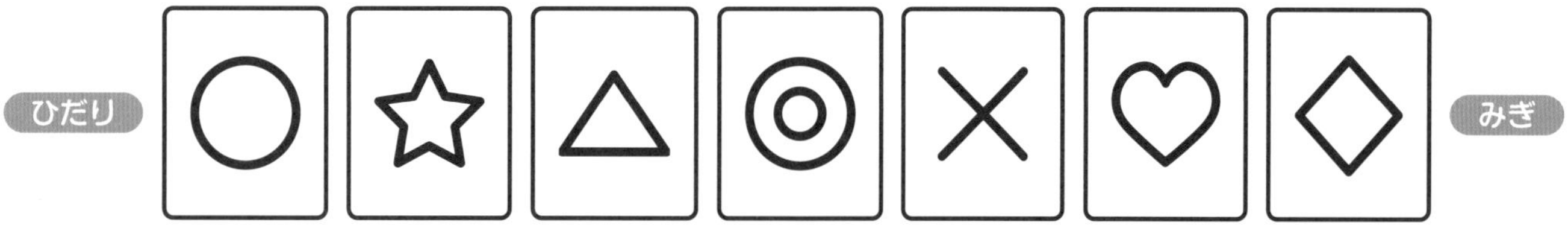

① □に あてはまる きごうを かきましょう。

ひだりから 5まいめの カード《かーど》の きごうは □ です。

みぎから 4まいめの カード《かーど》の きごうは □ です。

② ひだりから 2まいめと みぎから 2まいの カード《かーど》を あかで ぬりましょう。

なんまいめと なんまいは，いみが ちがうね。

2 えを みて，□に あてはまる かずや くだものの なまえを かきましょう。

① バナナ《ばなな》は，うえから □ だんめで，

したから □ だんめです。

② したから 3だんめの くだものは

□ です。

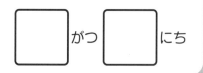

さんすう

すきな　いろを　ぬろう

Z-KAI　わくわくポスター

Z会 小学生わくわくワーク
夏休み 復習編《ふくしゅうへん》

アルファベットの大文字と小文字

みんなのまわりの
アルファベットを
さがしてみよう！

大文字　小文字
A a
みんなのまわりの
アルファベット

音声DL 01 聞いてみよう
※発音を聞いてみましょう。音声ダウンロードの方法は右下をごらんください。

A a

B b

C c

D d

E e

F f

G g

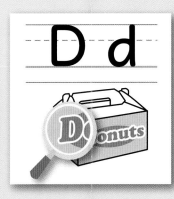

H h

I i

J j

K k

L l

M m

N n

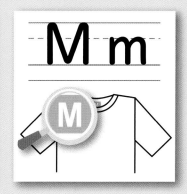

O o

P p

Q q

R r

S s

T t

U u

V v
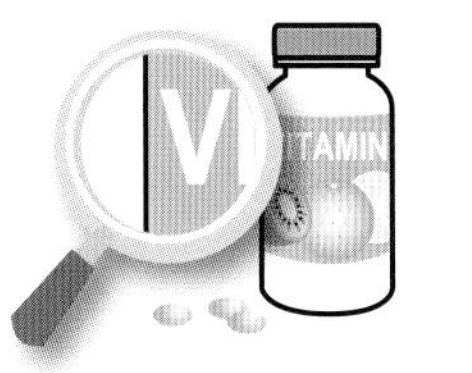

W w

X x

Y y

Z z
Z-KAI

音声ダウンロードの方法

お手持ちのパソコンから，以下のウェブサイトにアクセスしてください。

https://www.zkai.co.jp/books/wkwksummer-1onsei/

右のコードからでもお聞きいただけます。

おうちのかたへ

お子さまが本冊子に取り組み終わったら，この「賞状」にお子さまとおうちのかたの名前を記入して，あたたかい励ましの言葉とともに，お子さまにお渡しください。

き　り　と　り

賞《しょう》　状《じょう》

＿＿＿＿＿＿＿＿＿＿ さま

あなたは，

「Z会《かい》小学生《しょうがくせい》わくわくワーク

1年生夏休《ねんせいなつやす》み復習編《ふくしゅうへん》」を

りっぱに　やりとげましたので

ここに　賞《しょう》します。

これからも　がんばって　ください。

□月《がつ》　□日《にち》

＿＿＿＿＿＿＿＿ より

き　り　と　り

保護者の方へ

解答・解説

Z会 小学生わくわくワーク

夏休み復習編

1年生

冊子をつかんで,
少し力を入れて引っ張ってください。
本体から離れます。
別冊としてお使いください。

解答・解説の見方

ポイント1

正解や例を赤字で
示してあります。

ポイント2

各単元の学習ポイントや
アドバイスが示してあります。

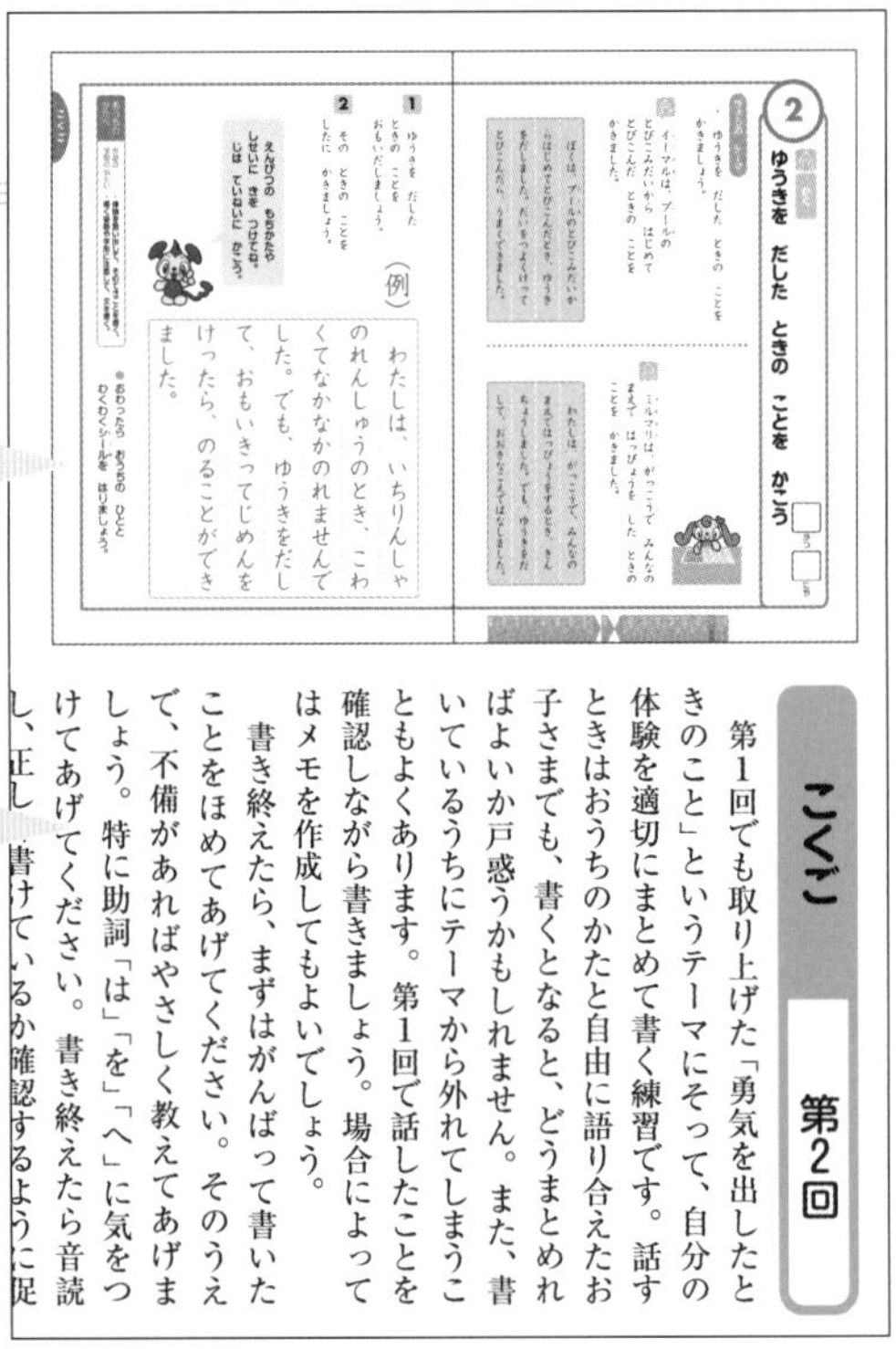

ゆうきを だした ときの ことを かこう
（例）
わたしは、いちりんしゃのれんしゅうのとき、こわくてなかなかのれませんでした。でも、ゆうきをだして、おもいきってじめんをけったら、のることができました。
こくご
第2回
第1回でも取り上げた「勇気を出したときのこと」というテーマにそって、自分の体験を適切にまとめて書く練習です。話すときはおうちのかたと自由に語り合えたお子さままでも、書くとなると、どうまとめればよいか戸惑うかもしれません。また、書いているうちにテーマから外れてしまうこともよくあります。第1回で話したことを確認しながら書きましょう。場合によってはメモを作成してもよいでしょう。
書き終えたら、まずはがんばって書いたことをほめてあげてください。そのうえで、不備があればやさしく教えてあげましょう。特に助詞「は」「を」「へ」に気をつけてあげてください。書き終えたら音読し、正し 書けているか確認するように促

保護者の方へ

この冊子では，
問題の答えと，**各単元の学習ポイント**や，
お子さまをほめたりはげましたりする
声かけのアドバイスを掲載しています。
取り組まれる際や丸をつける際に
お読みいただき，お子さまの取り組みを
あたたかくサポートしてあげてください。

低学年の時期は，
できるだけほめてはげまして，
お子さまの
やる気を引き出してあげることが
大切です。
でも，具体的に
どうアドバイスすればよいのか
迷うこともありますよね。

もくじ

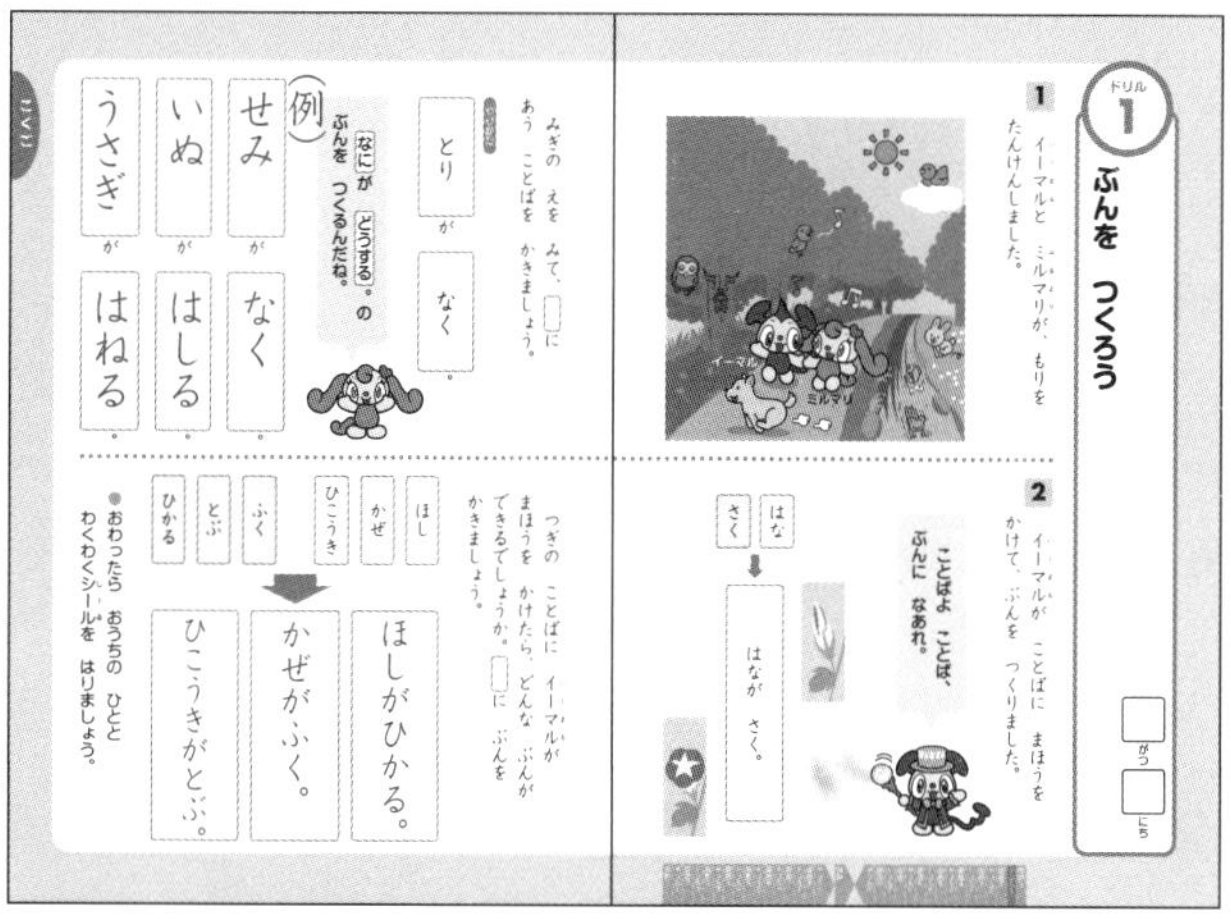

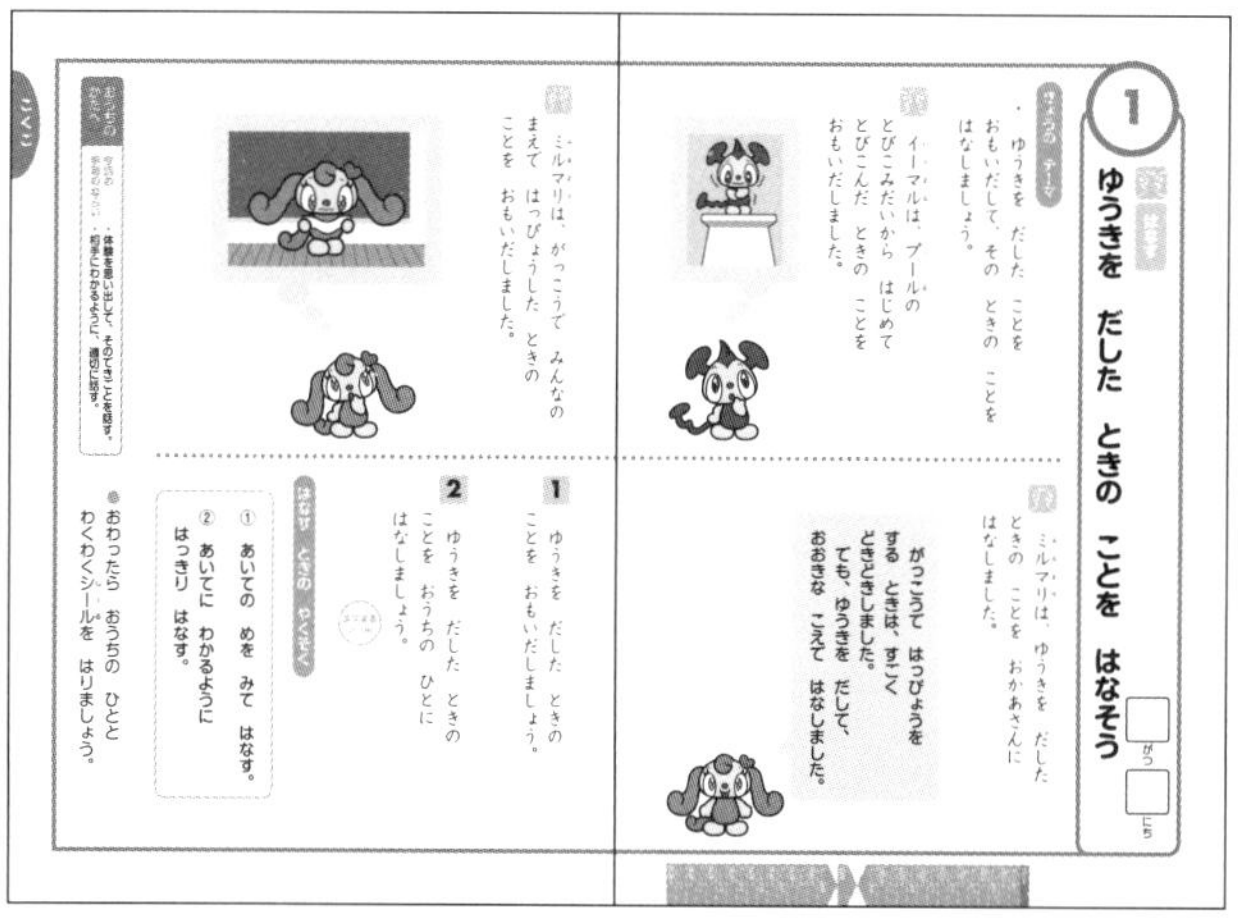

こくご 第1回

この時期のお子さまは、話したいことを思いついたまま話す傾向にあります。「相手に伝える」という意識をもつよう、「はなすときのやくそく」に気をつけるとよいでしょう。具体的な方法として、ゆっくり、はっきり話すとよいことなどを教えてあげてください。ミルマリの例が敬体（「です・ます」調）なのは、ふだんのおしゃべりと区別するためです。ふだんの口調で話した場合は、「じゃあ今度はお母さんをお客さんだと思って話してごらん。」など条件をつけると、はりきって取り組めるでしょう。

勇気を出した体験を思い出せないようなら、「はじめて○○をした時は？ あの時、勇気を出したのではないかな？」などと、ヒントを出してあげましょう。小学1年生という年齢では、体験を整理して話すのは難しいことです。具体的な状況が思い出せるよう促してください。なお、勇気を出す前とあとの気持ちの変化に気づき、勇気を出すことの大切さやすばらしさまで実感した発言ができていれば、お子さまの心の成長を認め、大いにほめてあげましょう。

こくごドリル 第1回

主語・述語の基本文型についての練習です。1 2「なにが」「どうする」にあたる事柄をとらえて文を作ります。1では解答例以外にもさまざまな文章が作れるでしょう。2では、主語と述語は対応している、ということに気づくことが大切です。「ほしがふく。」といった文では意味がとおらないことを教えてあげてください。

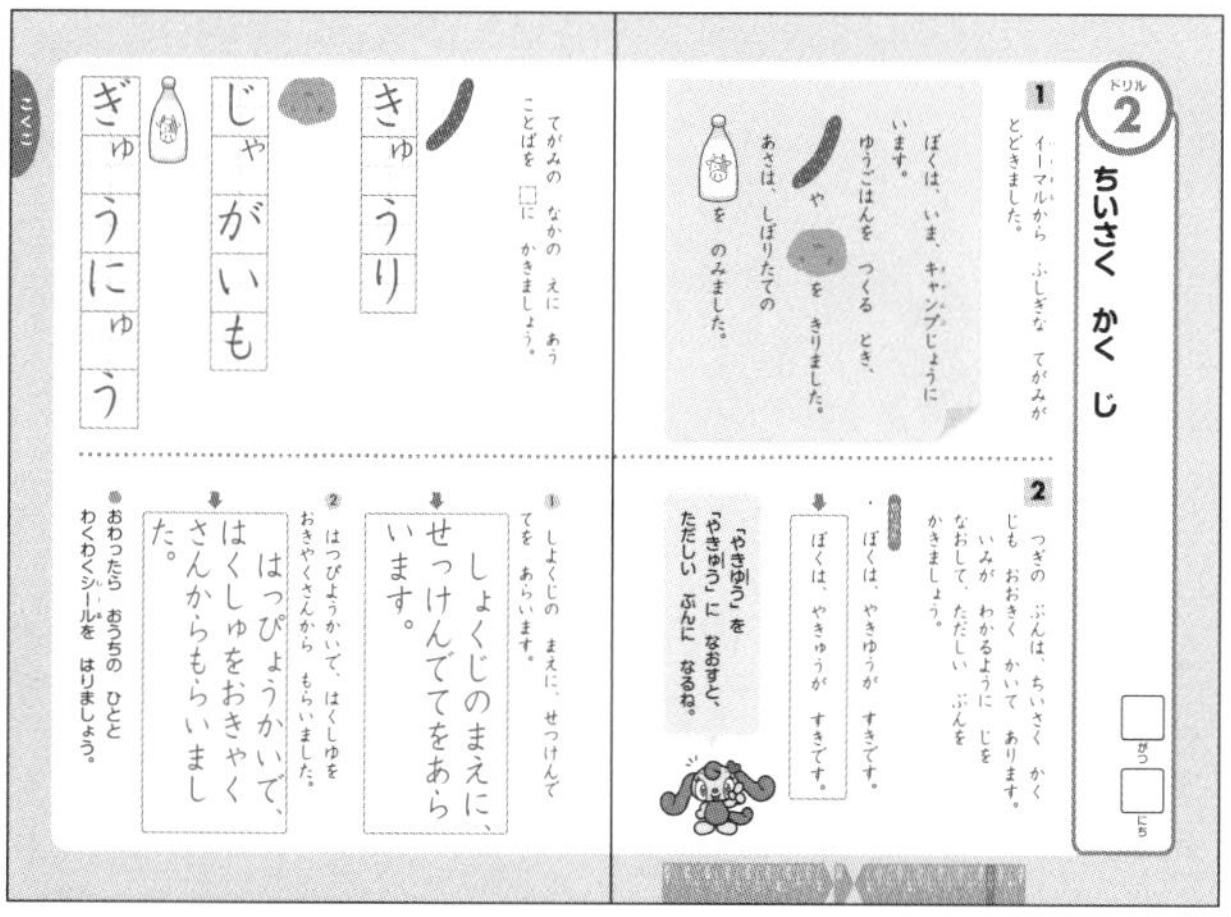

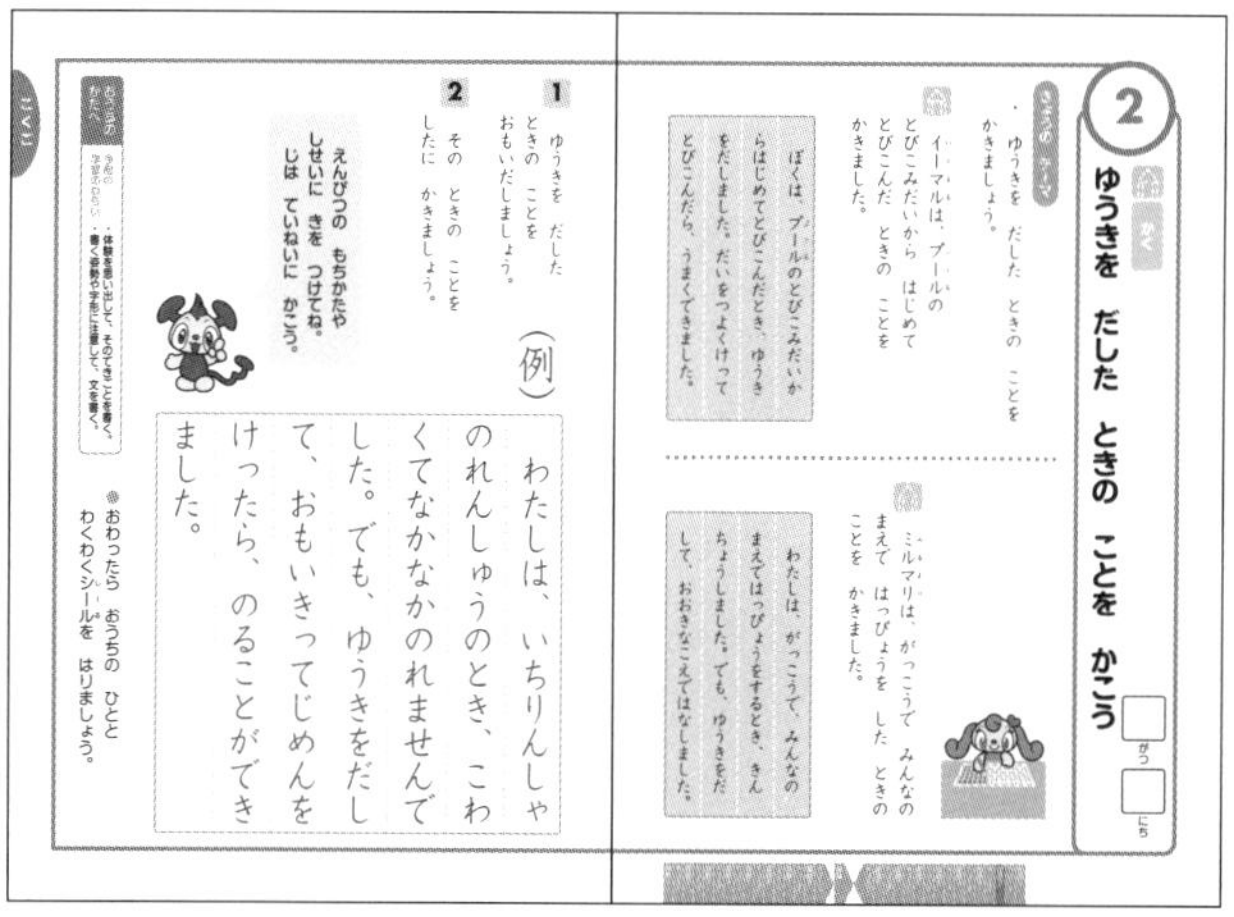

こくご 第2回

第1回でも取り上げた「勇気を出したときのこと」というテーマにそって、自分の体験を適切にまとめて書く練習です。話すときはおうちのかたと自由に語り合えたお子さまでも、書くとなると、どうまとめればよいか戸惑うかもしれません。また、書いているうちにテーマから外れてしまうこともよくあります。第1回で話したことを確認しながら書きましょう。場合によってはメモを作成してもよいでしょう。

書き終えたら、まずはがんばって書いたことをほめてあげてください。そのうえで、不備があればやさしく教えてあげましょう。特に助詞「は」「を」「へ」に気をつけてあげてください。書き終えたら音読し、正しく書けているか確認するように促しましょう。「は」「を」「へ」に読みまちがいがあれば、「○○ちゃんもお話をするときには『わたしは（wa）』と言うよね。」などと、温かくサポートしてあげてください。

こくごドリル 第2回

促音「っ」や拗音の「ゃ」「ゅ」「ょ」の練習です。これらの「小さく書く字」は、ます目では右上に書きます。1では、お子さまがます目のどこに書いているかを確認してください。お子さまが何の絵かわからないようなら、おうちのかたが絵の言葉を言ってあげましょう。2では、まず文を音読することで、どの字を小さく書けば正しい表記になるかに気づくことができます。解答し終えたらもう一度音読し、発音どおりに書けているか確認するように促しましょう。

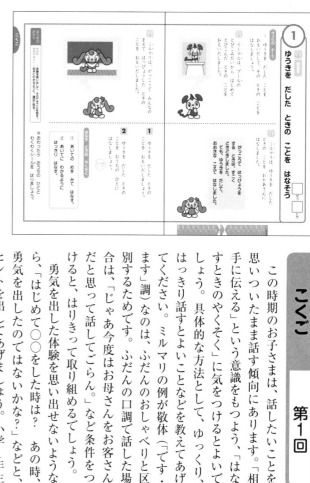

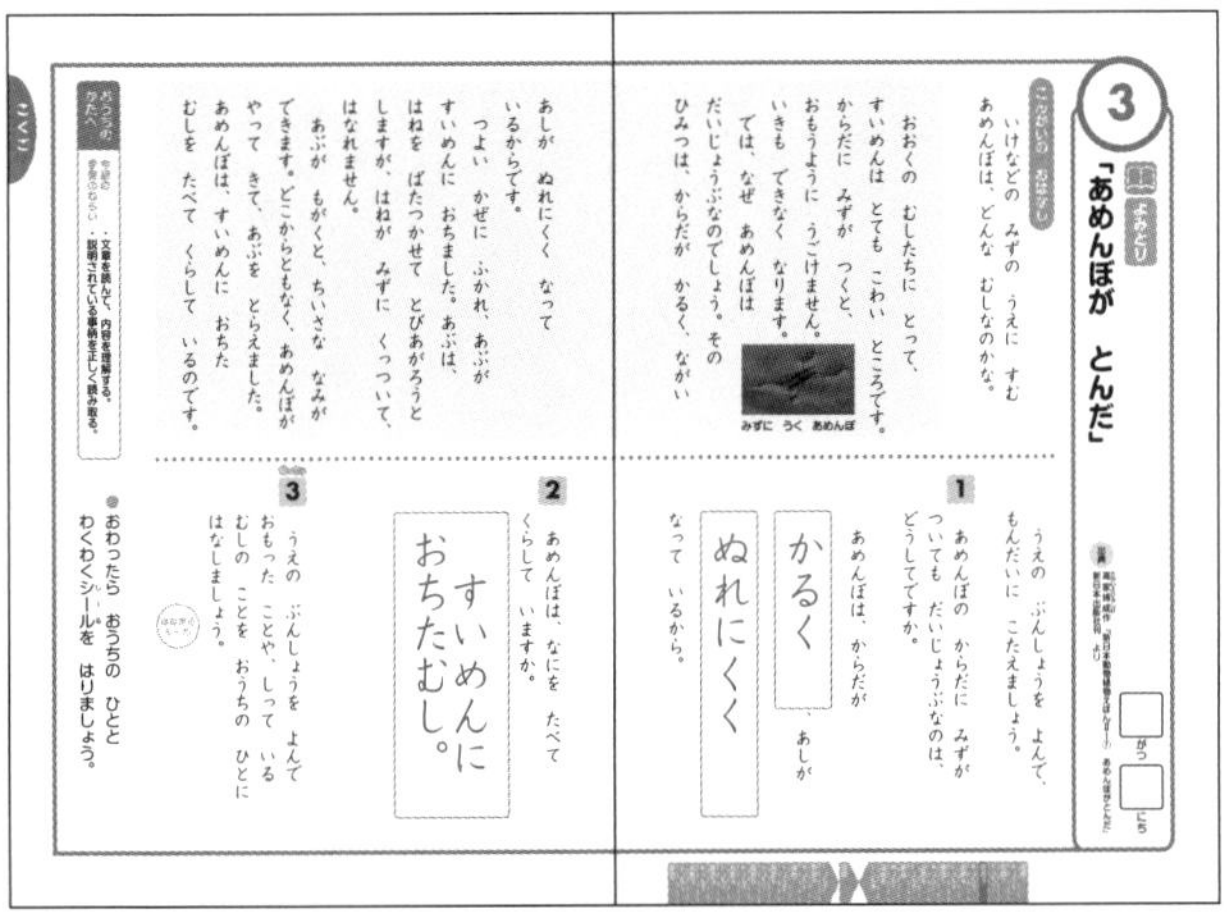

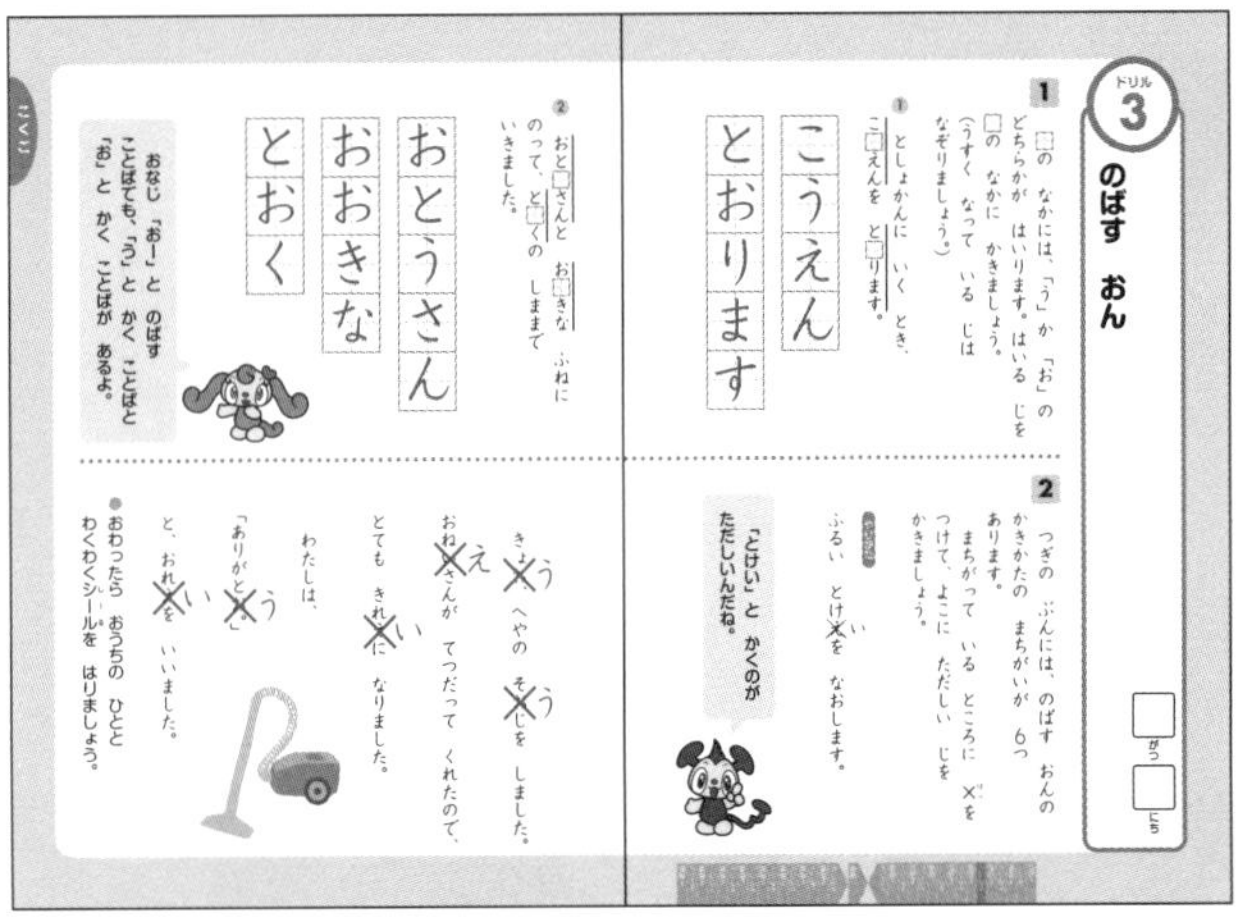

こくご 第3回

あめんぼの生態を紹介した文章です。写真を示しながら、主に水上を生活場所とする虫であることを教えてあげてください。

1 この文章では、まず多くの虫たちにとっては「すいめん」がすみにくい場所であることを説明し、続いて、そのような場所でも「あめんぼ」は「だいじょうぶ」な「ひみつ」を説明しています。こうした展開をとらえ、「そのひみつは……」の一文に着目することが読み取りの鍵となります。迷っているお子さまには、「『だいじょうぶ』のあとに『ひみつ』とあるよ。これは何の秘密かな？」などと着眼点を教えてあげるとよいでしょう。

2 「むし」という解答でも正解です。その場合は、問題文に戻って、どのような虫なのかを確認しておくとよいでしょう。文章の意図を正確に読み取り、「すいめんにおちた」という要素も書いていたら、大いにほめてあげましょう。

3 お子さまがあめんぼの話に興味をもった場合はあめんぼについて、そうでない場合はありやちょうなど、お子さまが知っている虫について語り合い、生き物への関心を引き出してあげるとよいでしょう。

こくごドリル 第3回

現代仮名遣いのひらがな表記では、ア・イ・ウ段の長音はそれぞれの母音をのばして書きます。エ・オ段の長音は、「おねえさん」「とけい」、「とおり」「こうえん」のように、二通りの表記がありますから、語単位で覚えていくようにしましょう。

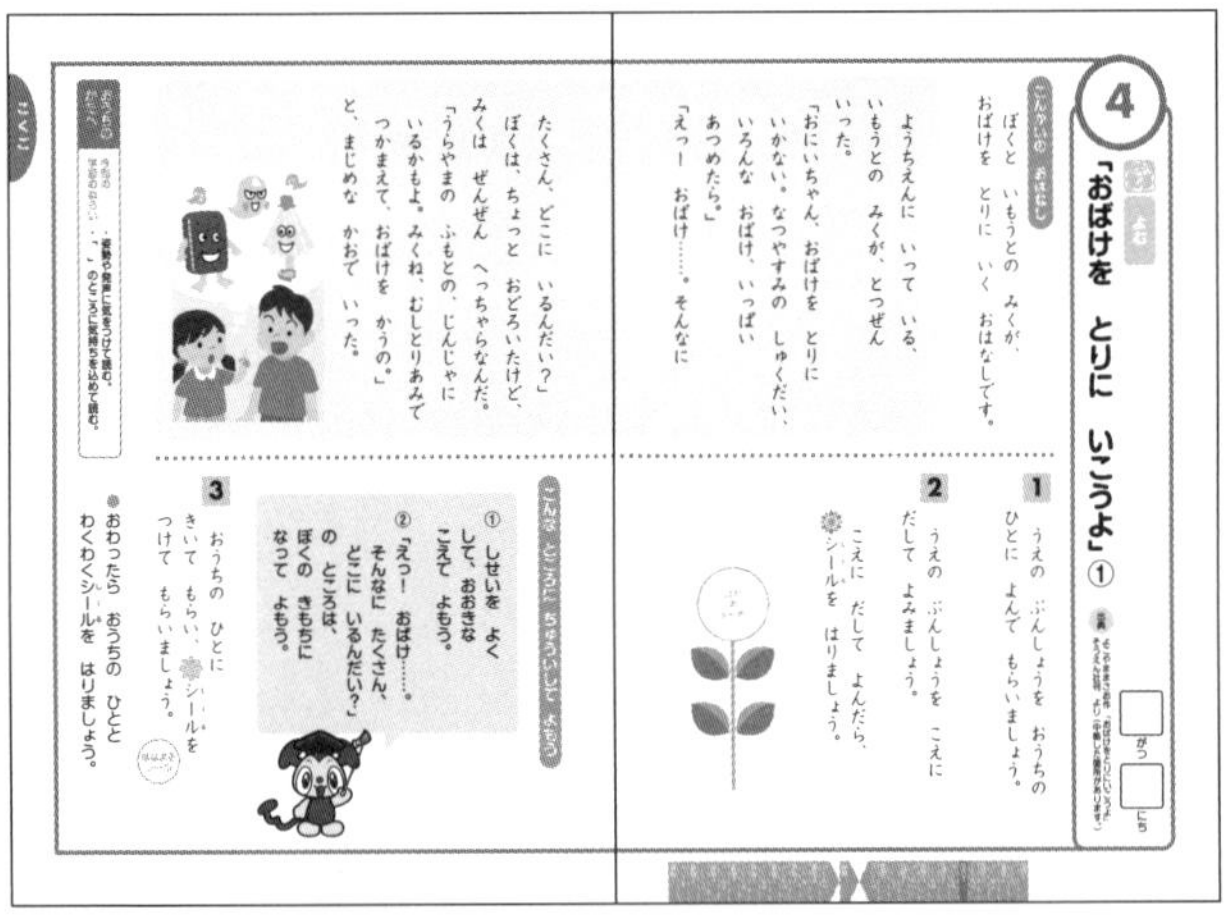

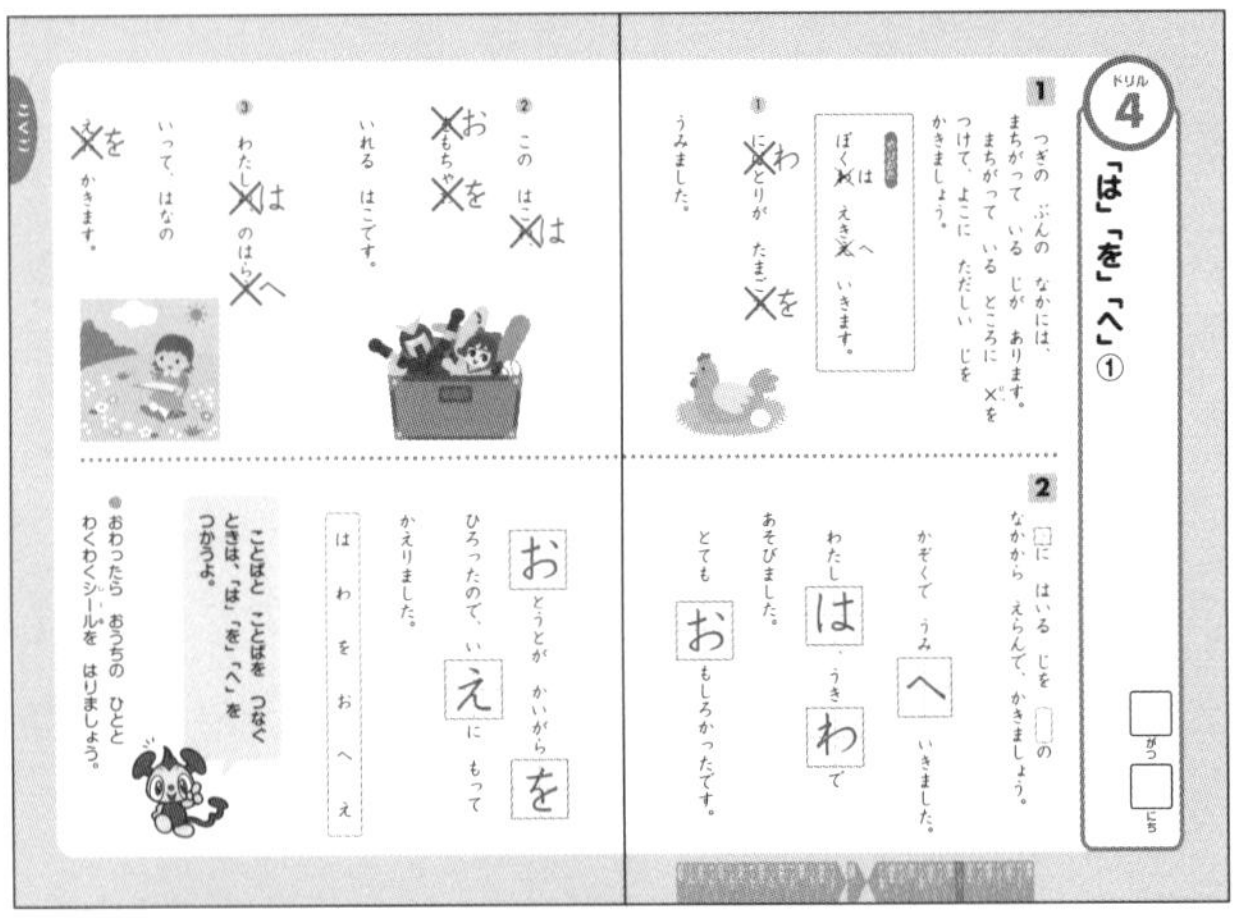

こくご 第4回

会話文と地の文（会話以外の文）との読み分けは、この時期のお子さまには難しい課題ですから、先にお手本を示してあげるとよいでしょう。ただし、「ぼく」の会話部分は、最初は気持ちを表さずに読み、お子さまにどんな読み方がよいか声に出して考えてもらうとよいでしょう。

お子さまが読む際は、「へっちゃら」「じんじゃ」などの促音・拗音を含む語を、表記どおりに正しく発音しているか注意して聞いてあげてください。感動詞「えっ」は、慌ててしまうと「えつ」と読みまちがうおそれがあります。表記をよく見て、落ち着いて読むよう促してあげてください。長音についても同様に確認してあげてください。

物語を読むときは、登場人物の気持ちを理解し、会話文では話し手の心情を反映させることが大切です。この文章では、「みく」の話を聞いた「ぼく」の「ちょっとおどろいた」気持ちになって、会話を生き生きと読むことができれば、ほめてあげましょう。「ぼく」の会話をお子さまが、「みく」の会話をおうちのかたが読むというように、役割を決めて読むのもよいでしょう。

こくごドリル 第4回

助詞の「は」「へ」は、発音と表記が異なるので、お子さまには書き分けが難しいものです。また、「を」は、現代仮名遣いでは助詞としてしか用いません。しっかり身につけられるよう、「上と下の言葉をつなぐときは、『は』『を』『へ』を使うんだよ。」といったアドバイスをしてあげましょう。

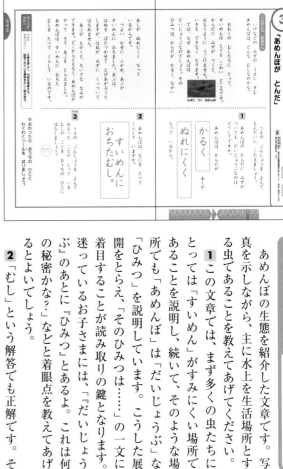

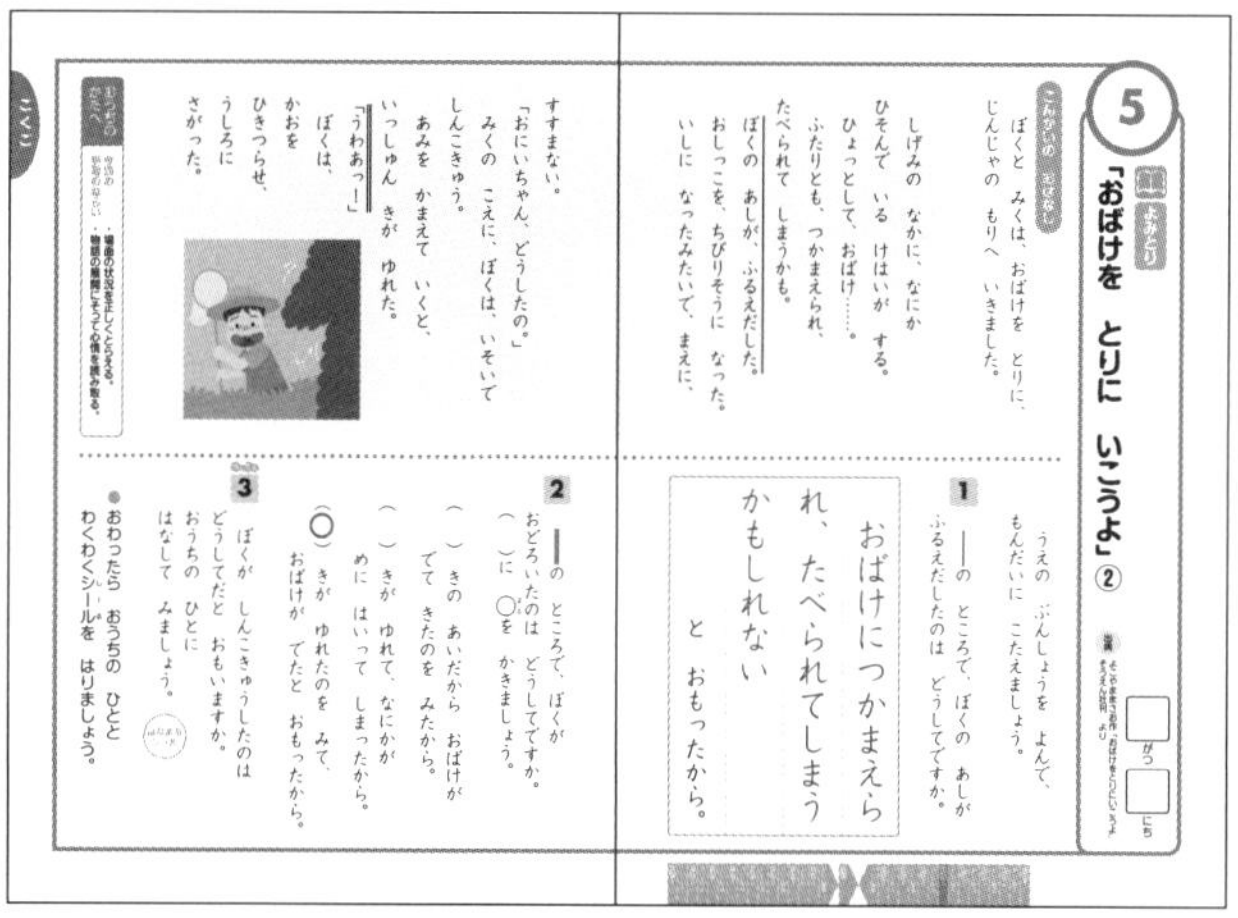

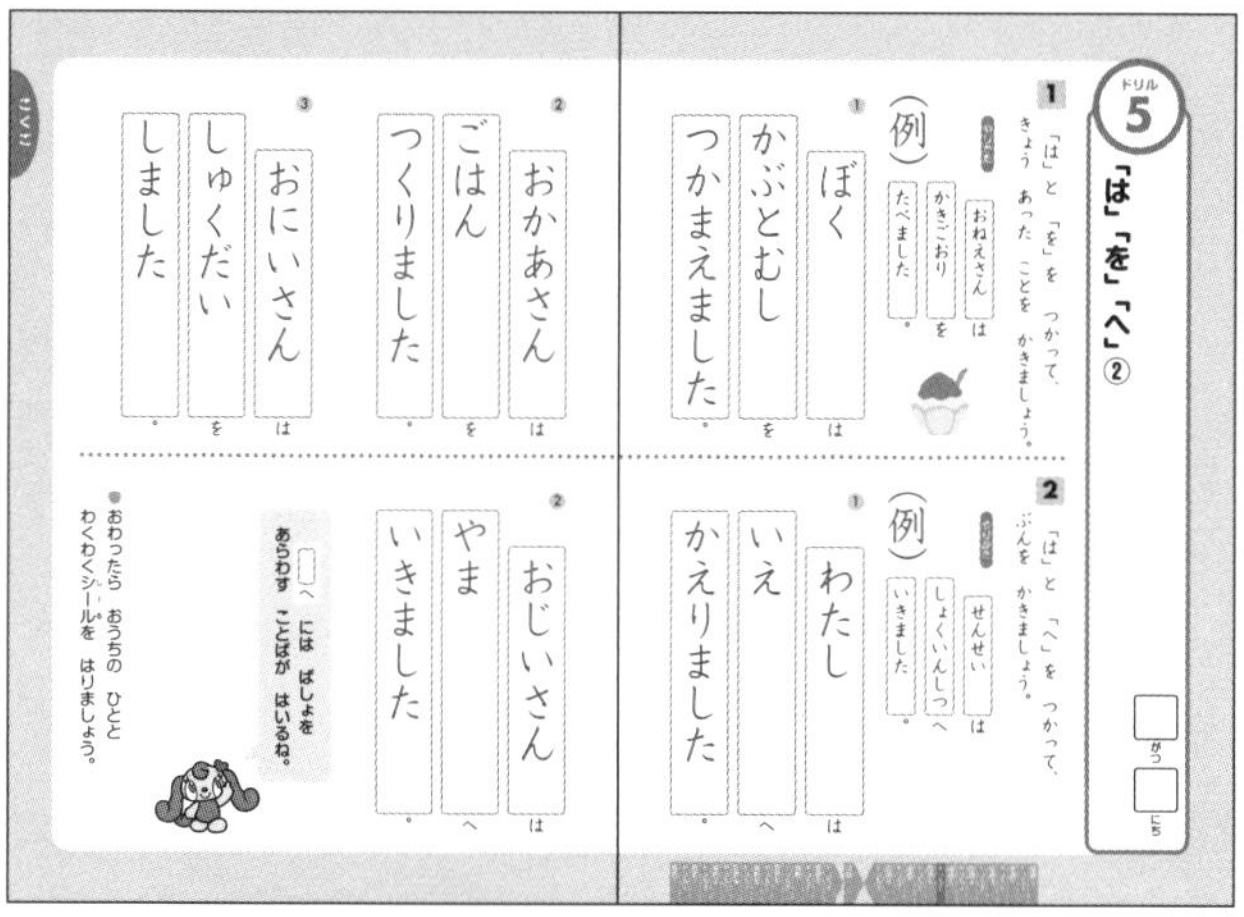

こくご 第5回

第4回に続く場面です。おにいちゃんでも、「ぼく」はおばけと出会うことが怖くてしかたがないようです。そんな「ぼく」の気持ちを考えながら読んでいきましょう。

1 読解問題では、文中から解答の根拠を探して答えることが大切です。「おばけが怖い（とおもったから。）」といった解答の場合は、どこからそれを読み取ったのか聞き、確認しておくとよいでしょう。

今の段階では、傍線部直前の「つかまえられ、たべられてしまうかも」の部分を抜き出せれば十分です。その場合は、「何につかまえられると思ったのかな。」と聞いてあげるとよいでしょう。単に問題文を抜き出しただけでは解答できない「おばけに」という点まで書けた場合は、解答をまとめる力があることを評価できます。

2 「ぼく」の気持ちを推し量る問題です。違う選択肢を選んでいたら、どうしてそう思ったのかまずお子さまの考えを聞き、そのうえで、**1**でみたような恐怖感があったことを教えてあげるとよいでしょう。

3 深呼吸は気持ちを落ち着かせるためにしますが、おばけを捕まえる勇気を出すためなど、「ぼく」の状況をふまえて説明できた場合は、大いにほめてあげましょう。

こくごドリル 第5回

1は「何は（だれは）—何を—どうする（どうした）。」、**2**は、「何は（だれは）—どこへ—どうする（どうした）。」の文型を理解するための練習です。

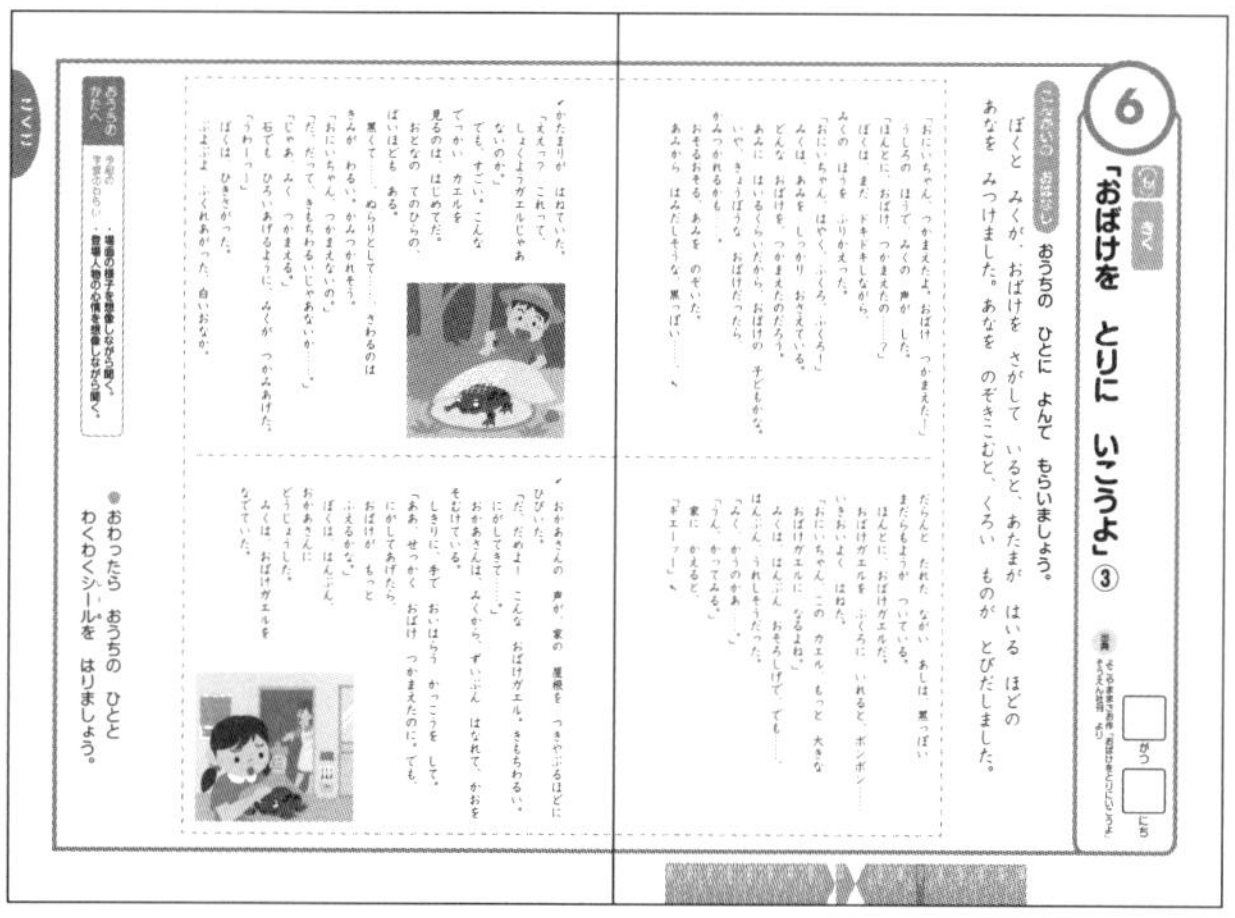

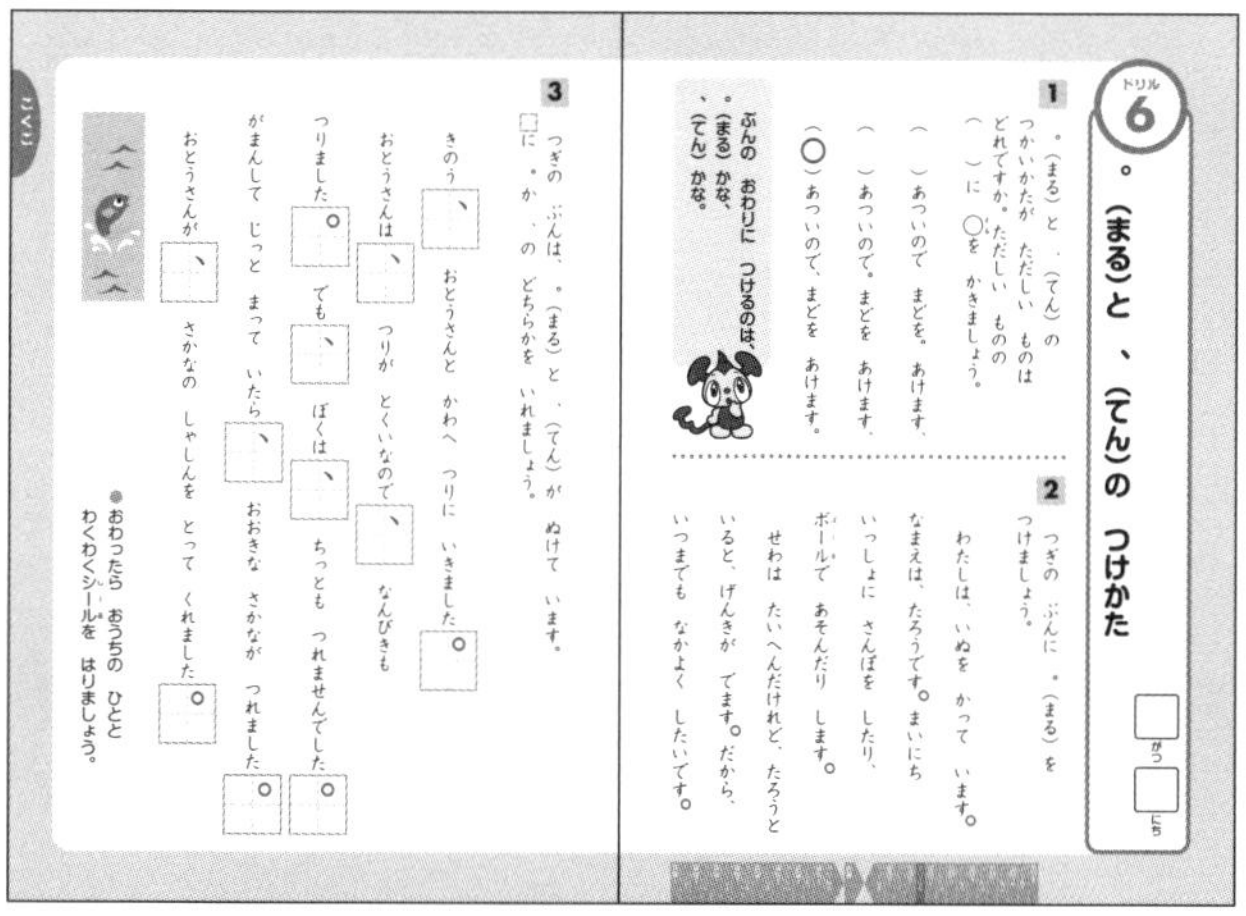

こくご 第6回

第5回の続きです。「……おばけ、つかまえた！」という言葉で始まるので、どんなおばけが出てくるか、お子さまは想像をふくらませることでしょう。また、「ドキドキしながら」「おそるおそる」といった箇所では、お子さま自身も同じような思いでお話を聞いていることでしょう。

この作品は会話を主体に構成され、テンポよく展開していきます。会話主がわかるような読み方を工夫して、場面を生き生きと想像できるように読んであげてください。

発展 お子さまがこのお話を楽しんだようであれば、登場人物の気持ちを、お子さまと話し合ってみるのもよいでしょう。たとえば、「みくは、どうしておばけガエルをなでていたんだろうね。」などと問いかけることで、みくの心情理解を深め、親子で作品をより楽しむことができるでしょう。ただし、「読み聞かせ」の活動では、お話を聞いた子どもが、その子なりに作品を味わえれば十分です。お子さまに無理に答えさせたり、ある一定の感想を無理やり引き出そうとしたりするのは避けてください。

こくごドリル 第6回

文の終わりに句点（。）をつけることは、基本事項として必ず身につけたいところです。読点（、）は、意味の切れ目などにつけますが、絶対的なルールはありません。現時点では、「文の終わりは 、（てん）ではなく 。（まる）」だということを理解できていればよいでしょう。**3**では、ますの右上に書けているか確認してあげてください。

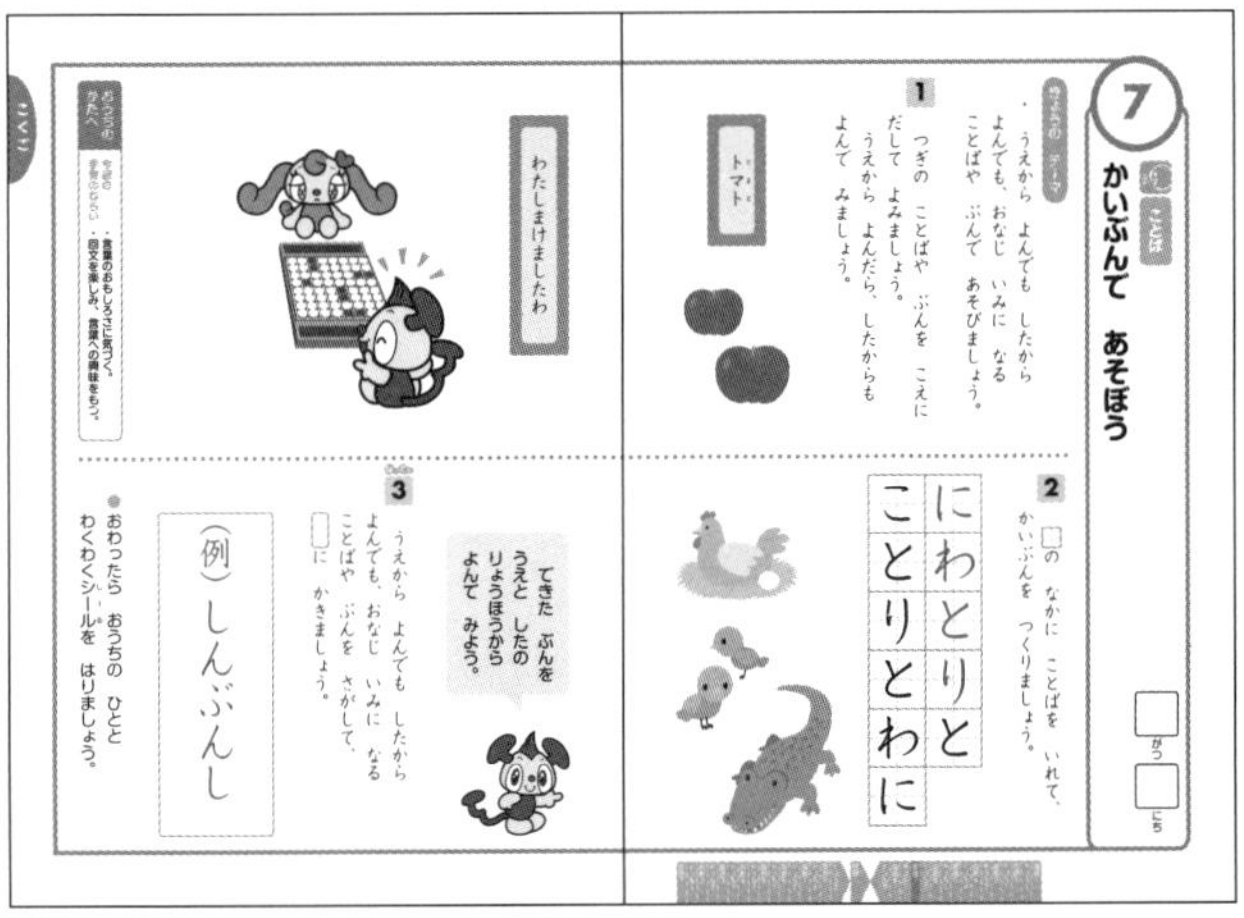

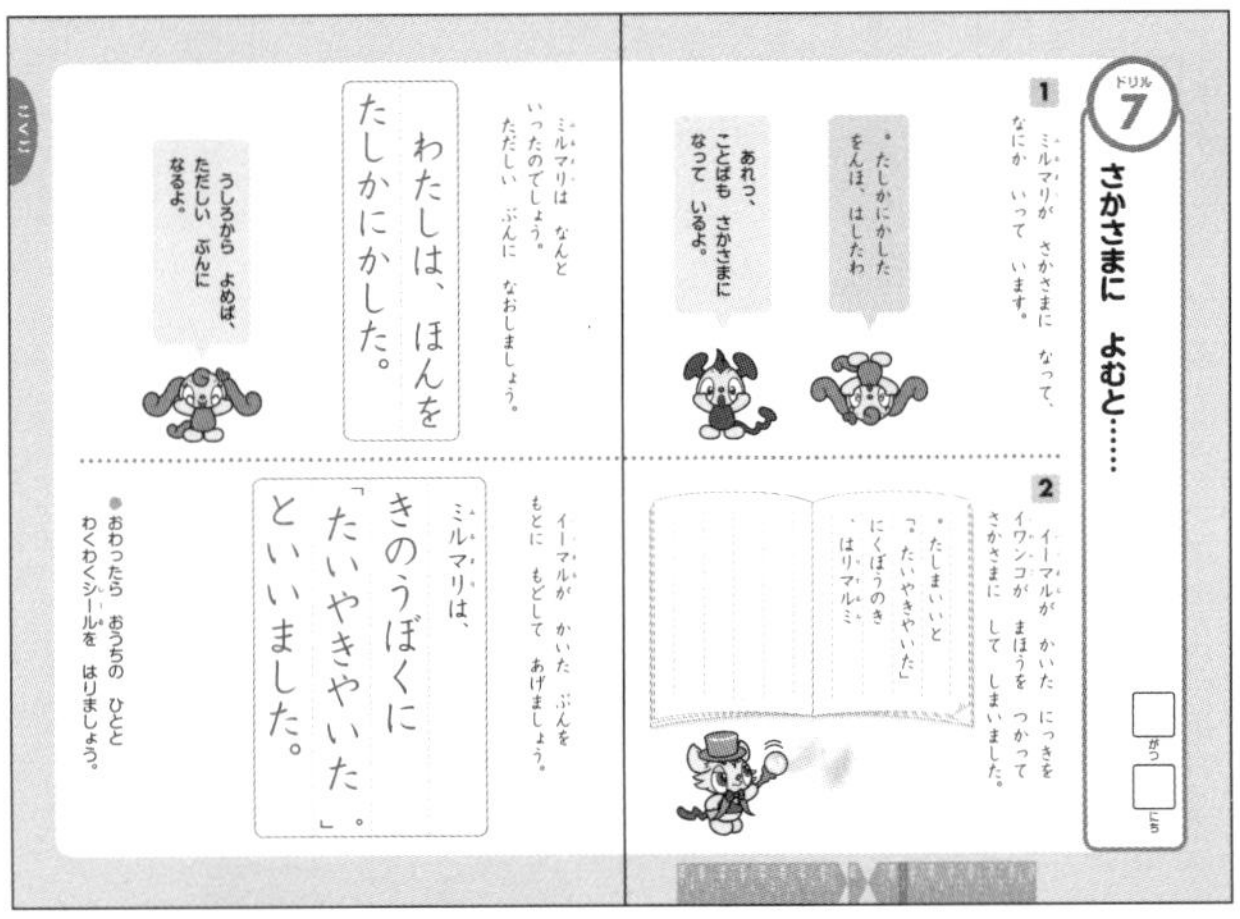

こくご　第7回

「かいぶん（回文）」は聞きなれない言葉なので、お子さまにはわかりにくいかもしれません。上から読んでも下から読んでも、同じように読める言葉や文のことを「回文」と言います。まずはそのことを説明してあげてください。

1は単語と文ですが、二つとも回文になっています。これらを上と下の両方から読ませてください。どちらから読んでも同じように読める語句のあることに気づき、言葉への興味がわくことでしょう。なお、文に句点（。）をつけていないのは、上と下の両方から読むためです。句点のないことをお子さまが指摘したら、句点について正しく理解していることをほめたうえで、言葉の遊びなのでルールから外れることもあるということを説明してあげてください。

2空欄に言葉を入れて、回文を作ってみる問題です。絵がヒントになっています。答えを記入したら下からも読みましょう。

3「しんぶんし（新聞紙）」のほか、「きつつき」「さかさ（逆さ）」「たけやぶやけた（竹やぶ焼けた）」「いかたべたかい（いか食べたかい）」などがよく知られています。回文を見つけるのは難しいので、これらの例を紙に書いて上と下の両方から読むのもよいでしょう。すすんで回文を見つけたり作ったりしていれば、語彙量と思考の柔軟性の両面から、大いに評価できます。

こくごドリル　第7回

2は課題文の中の回文に気づいたでしょうか。

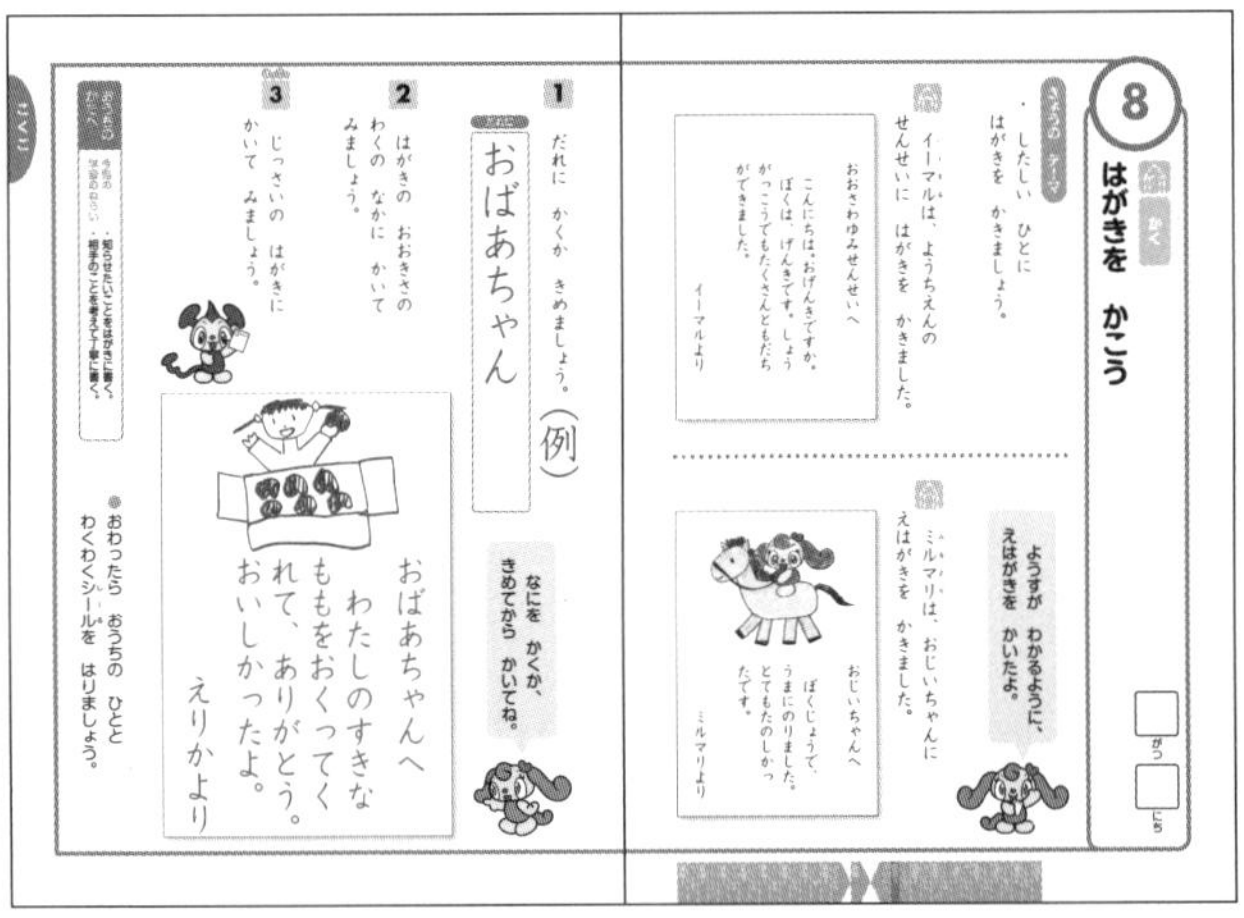

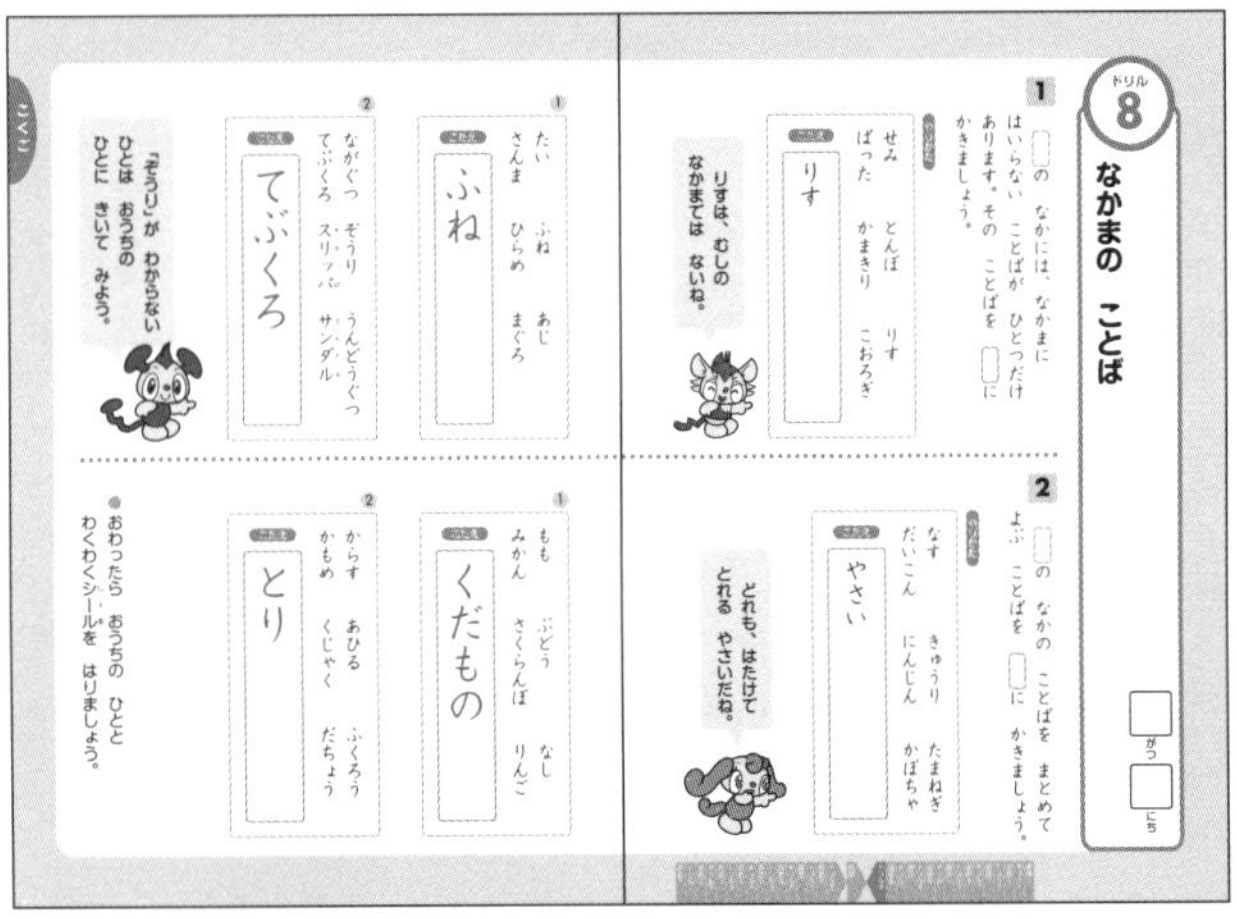

こくご　第8回

はがきや手紙は相手に向けて書くものですから、丁寧に書くことを意識させましょう。また、鉛筆の持ち方や姿勢を確認する機会にしてください。

まず、「だれに書くか」を決めます。少しあらたまった気持ちになるためには、先生や親戚のかた、大人にしたほうがよいですが、お子さまが書きたいと思うのであれば、お友だちでもかまいません。

次に「何を書くか」に移ります。はがきは枠が小さいので、一、二文程度書ければ十分と考えてください。絵をつけてもよいですし、文だけでもかまいませんが、どちらにしても、真っ白な紙に書いていくのは難しいものです。あらかじめ絵の枠の線や行の線を薄く書いてあげるとよいでしょう。

楽しんで書くことが「かく」学習の最大のポイントであり、一番の上達の秘訣です。書き上げた成果をしっかりほめてあげてください。

発展実際のはがきに書く場合は、お子さまの目の前で表書きを書いて、書式（住所を書く・あて名に「様」をつけるなど）を見せて、差し出し人は、姓・名ともに書きます。だれからの手紙であるかをはっきり示す必要があることを教えてあげましょう。書き終えたら、お子さまと一緒に投函しましょう。

こくごドリル　第8回

「ぞうり」など、なじみの薄い言葉についてはおうちのかたが解説し、語彙を増やしてあげてください。

けいけん

じゅんび

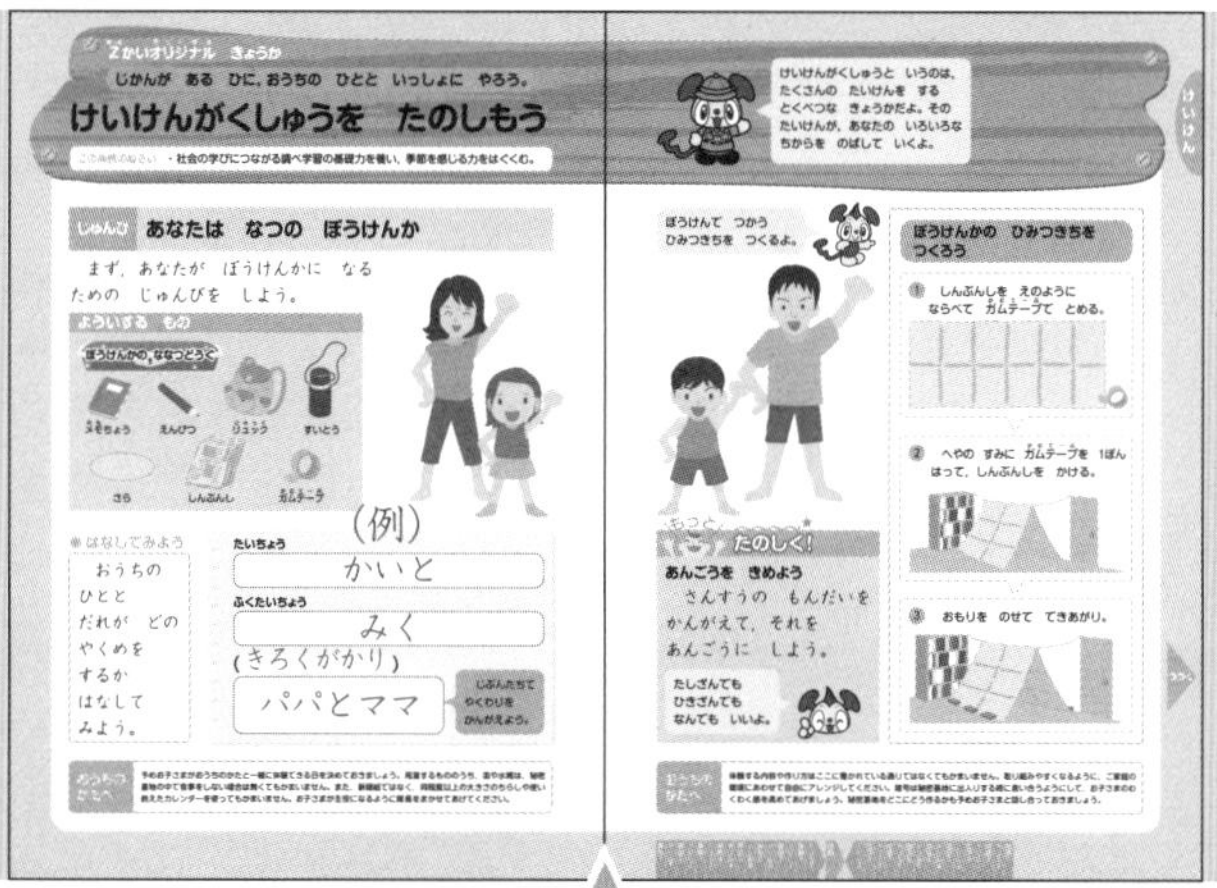

準備から始めることで，お子さまの段取り力を培い，今後の体験への期待感を高めるための取り組みです。「○○ちゃんが冒険隊長ね」と声をかけ，お子さまの主体性を高めてください。

たいけん

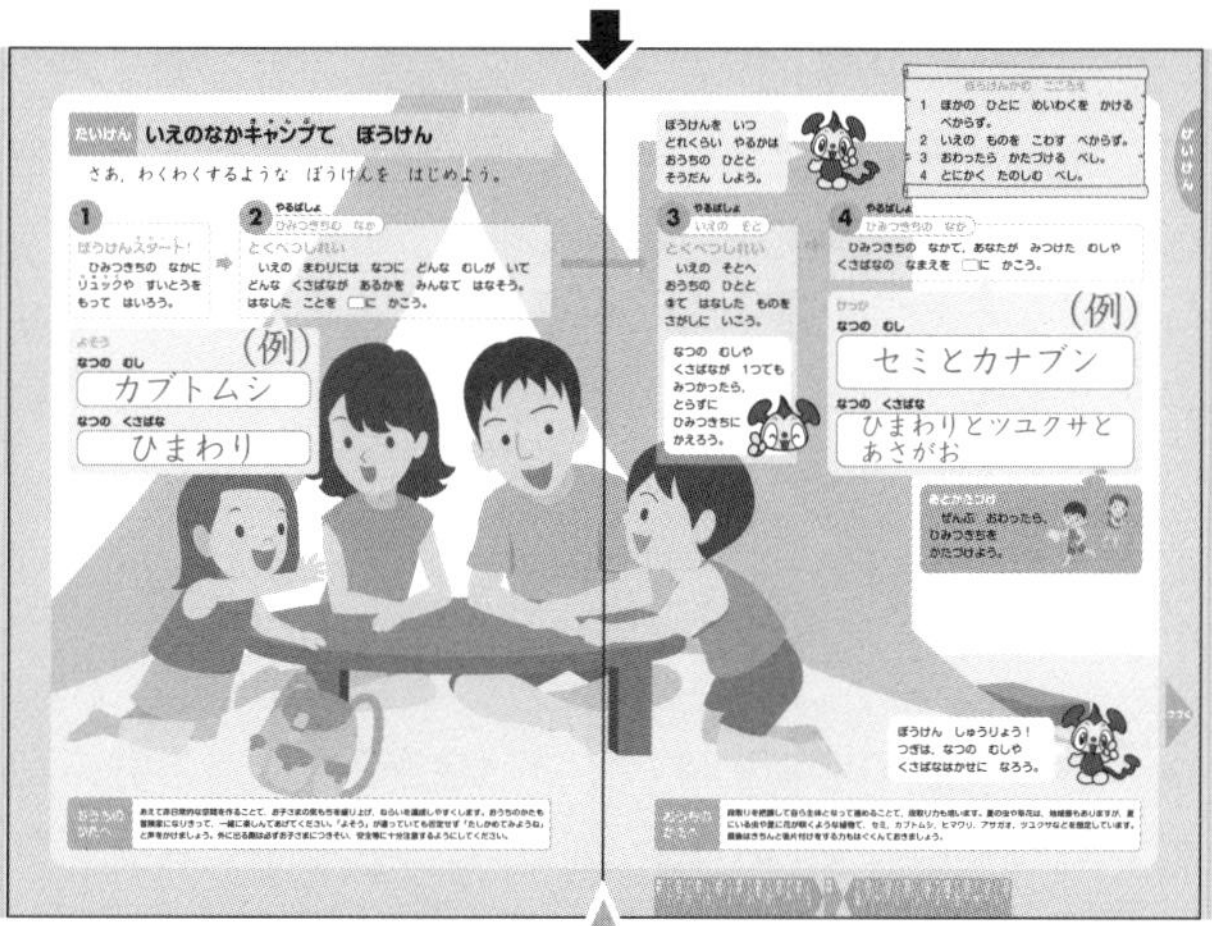

非日常的な空間を作ることで，お子さまのわくわく感を高め，考えたり新たな知識を吸収したりする場を設けます。小学１年生の段階では，楽しみながら学んだことは残りやすくなります。季節ごとの変化を体験の中で学んでいきましょう。

はってん・ひょうげん

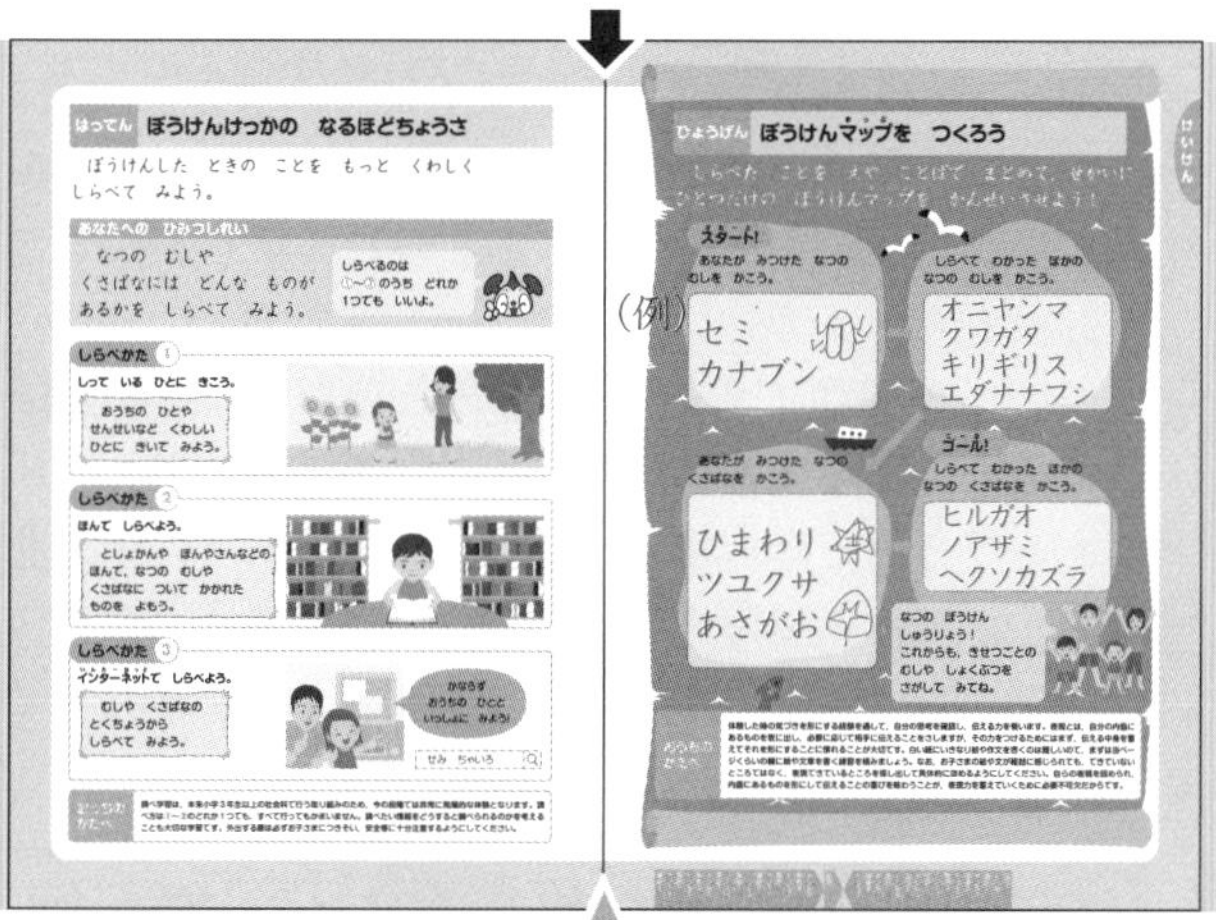

調べ学習は，小学３～６年生の社会の勉強にもつながる大切な要素です。世界を広げ始めた段階で調べることのおもしろさを体感することで，知らないからとあきらめず，自ら調べ学んでいく姿勢をはぐくみましょう。また，それを絵や文字などの形にすることで，気づいたことの定着を図ります。

今，大切なこと

お子さまは今，６年間の小学校生活の最初の階段を上り始めました。今後多くを学び，やがて中学や高校，大学などを受験したり社会に出たりしていくために，今やっておくべきことは，「自分から学ぶ力を育てておく」ことです。予め学ぶ力を育てておけば，高学年になって勉強が難しくなったり受験勉強がつらくなったりしても乗り越えられるからです。そのために今，おうちのかたがすべきことは，お子さまが自ら「なぜだろう？どうしてだろう？」と考えて，自発的に調べたり学んだりしていくような，「知的好奇心」をはぐくんでおくことです。

学ぶ力の育て方

ではどうすれば，知的好奇心をはぐくめるのでしょうか。Ｚ会ではそこに「学ぶことの本質」があるととらえ，発達心理学や小学校教育などの専門家とともに何年もかけて研究を重ねました。その結果生まれたのがこの「経験学習」という特別な教科です。一見，ただの遊びのようですが，その中に，お子さまの知的好奇心を引き出しながら多角的に力を伸ばし，将来の可能性を広げるきっかけが多数盛り込まれています。参考書で植物の仕組みを丸暗記したり受験勉強で机にかじりついて季節ごとの事象の問題を解いたりする前に，その「先行体験」を行っておくこと，つまり，実際に自分の目で見て肌で感じる体験を行うことこそが，知的好奇心をはぐくむことにつながります。実際に体験することで，「なぜ夏は暑いんだろう？」といった疑問や「ヒマワリの葉の表と裏は感触が違うんだ！」という驚きや感動が生まれやすくなるからです。一度体験したことは，お子さまにとって特別なものになります。数多くの経験を重ねたお子さまは，受験勉強などで他のお子さまが苦労して丸暗記している中でも，知らなかったことを知るということ自体を楽しみ，困難な問題にも自らの経験を重ね合わせながら立ち向かっていけるようになるでしょう。教科の枠を越え，大切なお子さまの成長を長い視点でとらえた上で作成された「経験学習」の一端を，この冊子で味わってみてください。

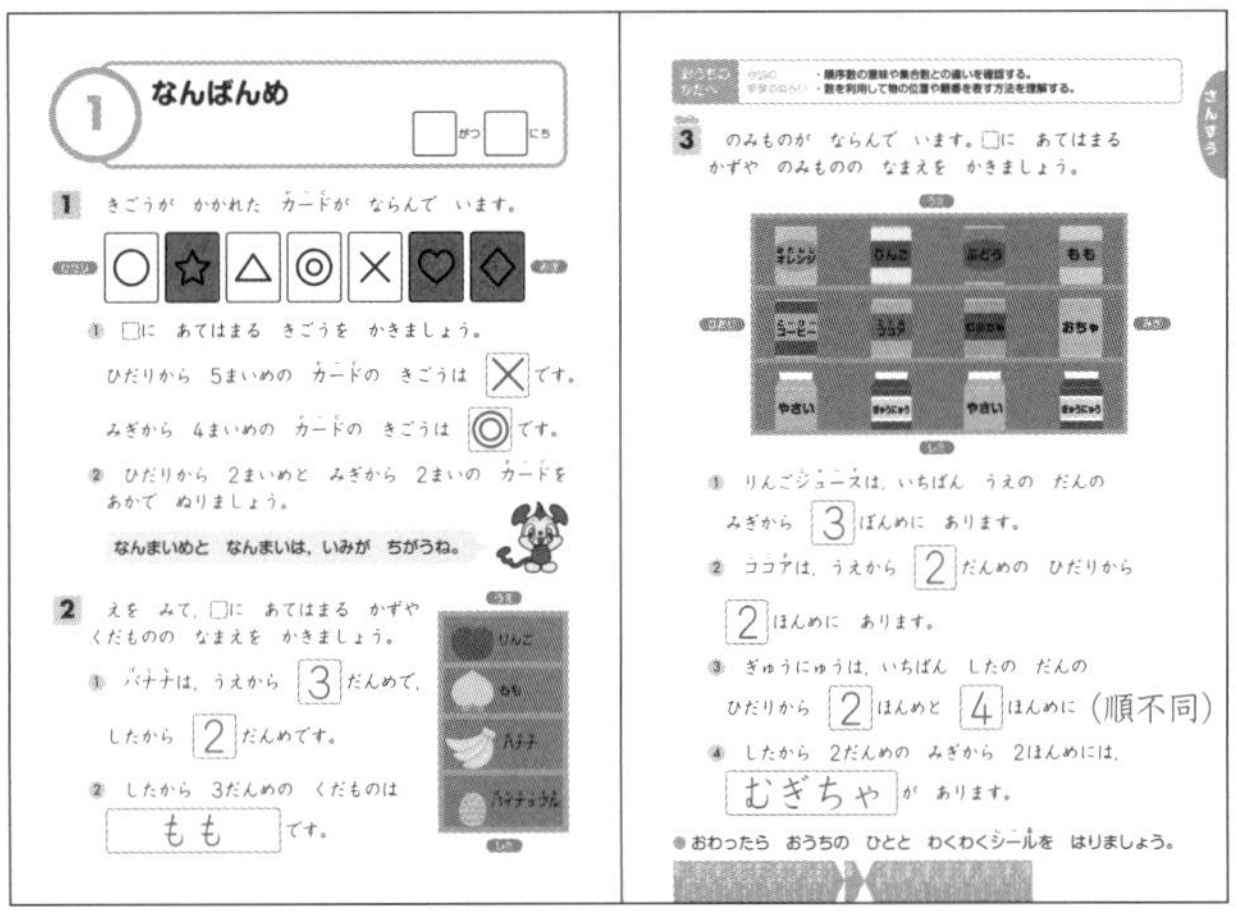

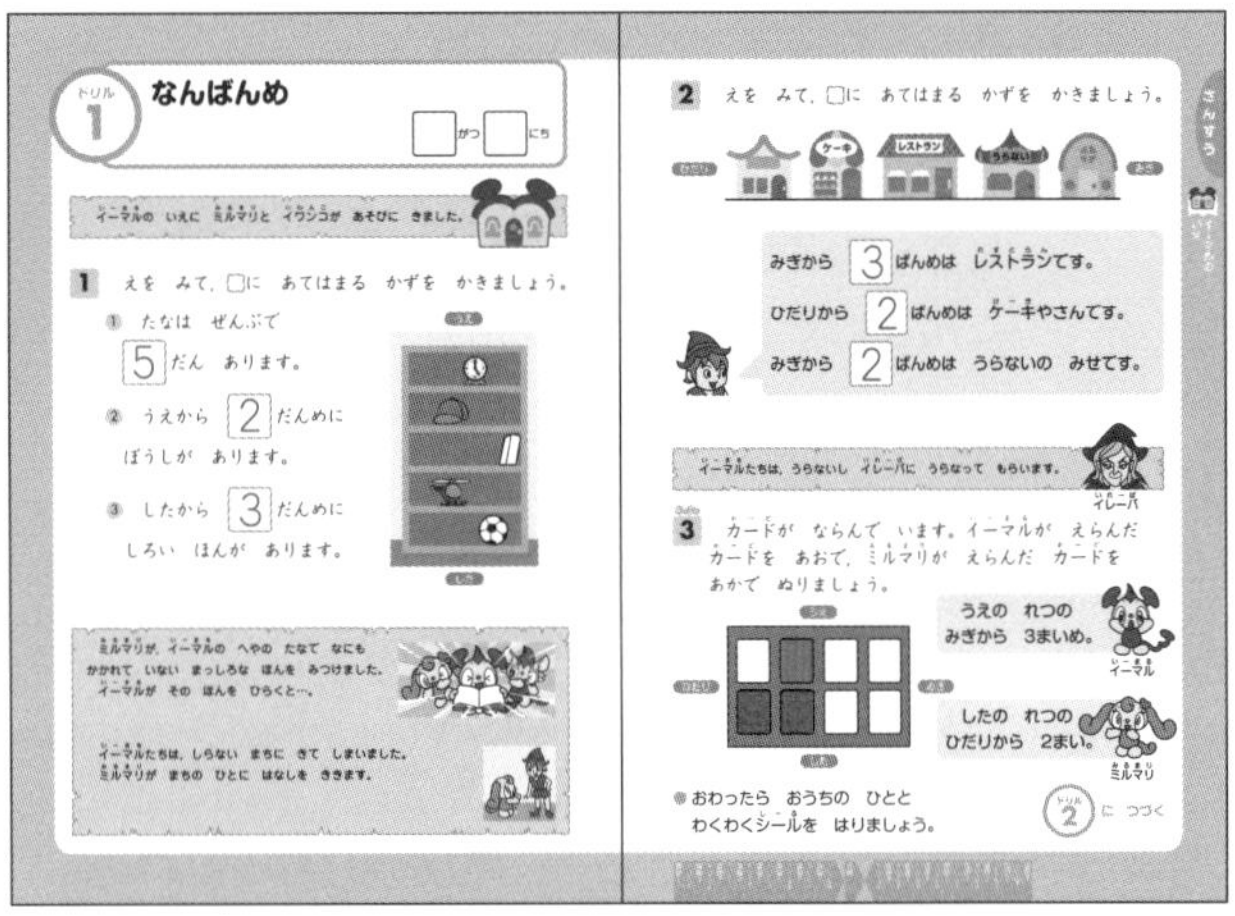

「カードが7枚ある」など，ものの個数を表す数を「集合数」というのに対し，「左から5枚目」など，順序や位置を表す数を「順序数」といいます。今回は，順序数について学び，物の位置や順番を数を用いて表す方法を学習します。

さんすう　第１回

1の②では，「なんまいめ」と「なんまい」の違いに気づけるとよいでしょう。また，カードの位置と枚数を正しく理解することが大切ですので，カードの中の記号だけを塗っている場合などでも○をつけてあげてください。1と2では，「左（右）から」と「上（下）から」のどちらか一方を用いていますが，3では，その２つを組み合わせて物の位置を表しています。こうした数を用いた物の位置の表し方は，後に学習する座標を用いた位置の表し方につながります。日常生活の中でも，例えば自動販売機で飲み物を買う際には，「お茶は上から○段目の右から□本目にあるね。」といった声かけをすると，より一層理解が深まるでしょう。

さんすう ドリル　第１回

順序を表す際には「左から」や「右から」などの基準が重要になります。2では，同じ「2番目」でも「右から」と「左から」で異なるお店を指すことが確認できるとよいでしょう。今回出題した「上（下）から」「左（右）から」の他に，基準を表す言葉には「前（後ろ）から」などもあります。

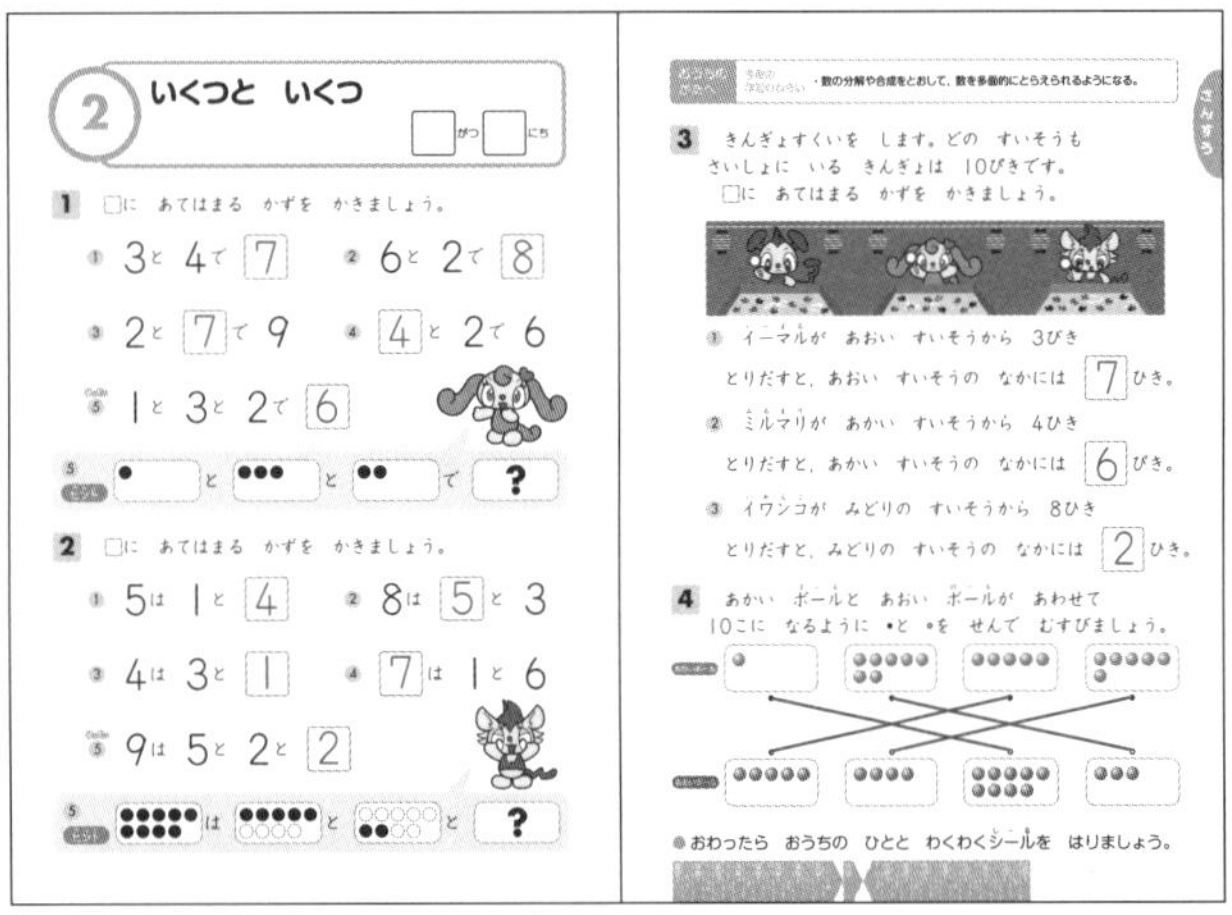

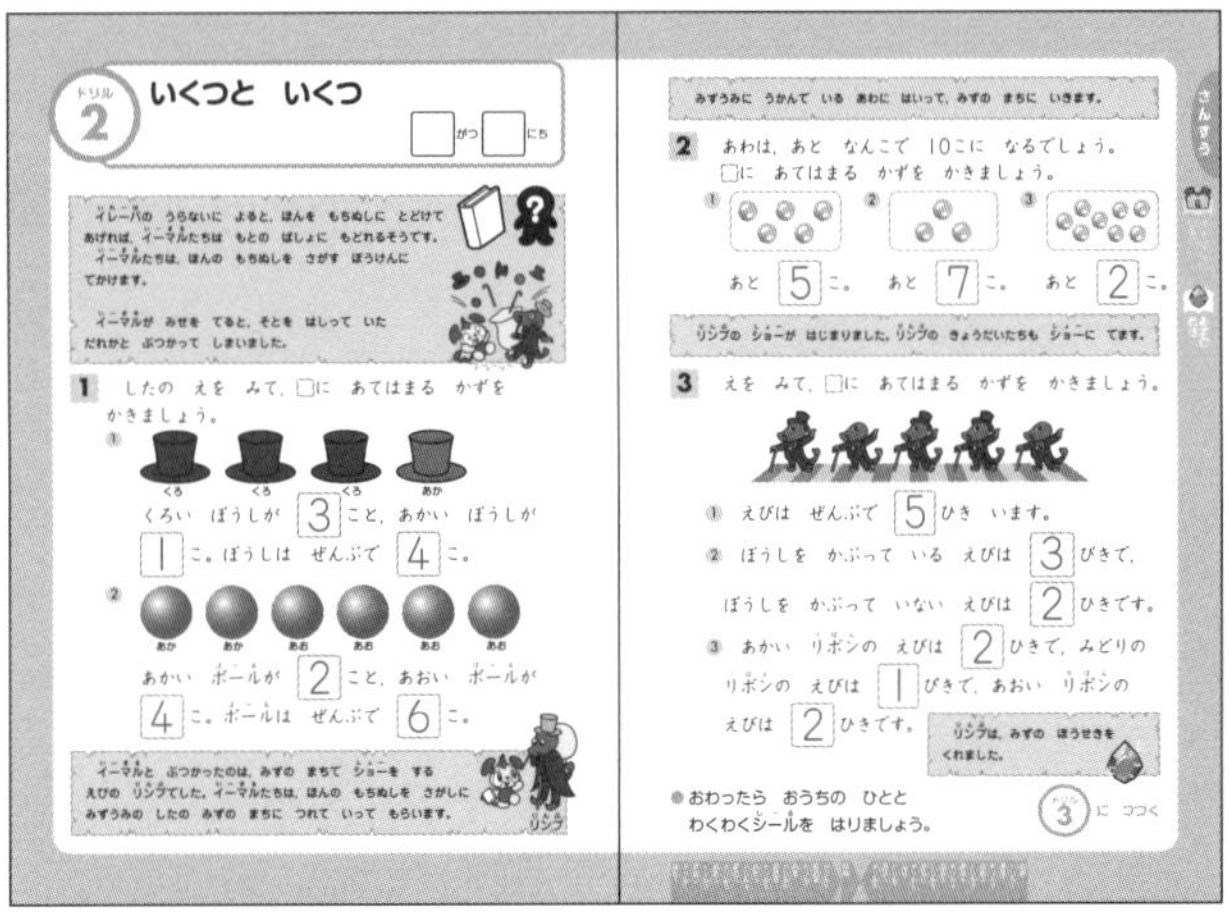

数の構成の学習です。1つの数を2つ以上の数の和や差として見ることで，数を多面的にとらえていきます。今回の学習は，今後の「たし算」や「ひき算」の土台となりますので，しっかりと身につけておく必要があります。

さんすう　第２回

数構成の学習には，合成（AとBでC）と分解（CはAとB）の2つがあり，1は合成，2は分解の問題です。どちらも⑤は3つの数の合成（分解）で，発展的な内容となっています。お子さまが戸惑われているようでしたら，ヒントの●を参考にしながら，おはじきや硬貨などの具体物を並べて実際に操作しながら考えるとよいでしょう。3と4は，10の数構成についての問題です。10の合成と分解は，1年生算数において最大の山場である繰り上がりのあるたし算，繰り下がりのあるひき算を理解するための鍵となるので，特に重要な内容です。夏休み以降の学習を円滑に進めるためにも「6と4」「3と7」など，あわせて10になる組み合わせを瞬時に作れるように練習するとよいでしょう。

さんすう ドリル　第２回

3は，「全部で5匹」が「帽子をかぶっている3匹とかぶっていない2匹」やリボンの色で，「赤色が2匹，緑色が1匹，青色が2匹」と分解されます。見方を変えることにより，さまざまな分解の仕方ができるおもしろさに気づけるとよいでしょう。

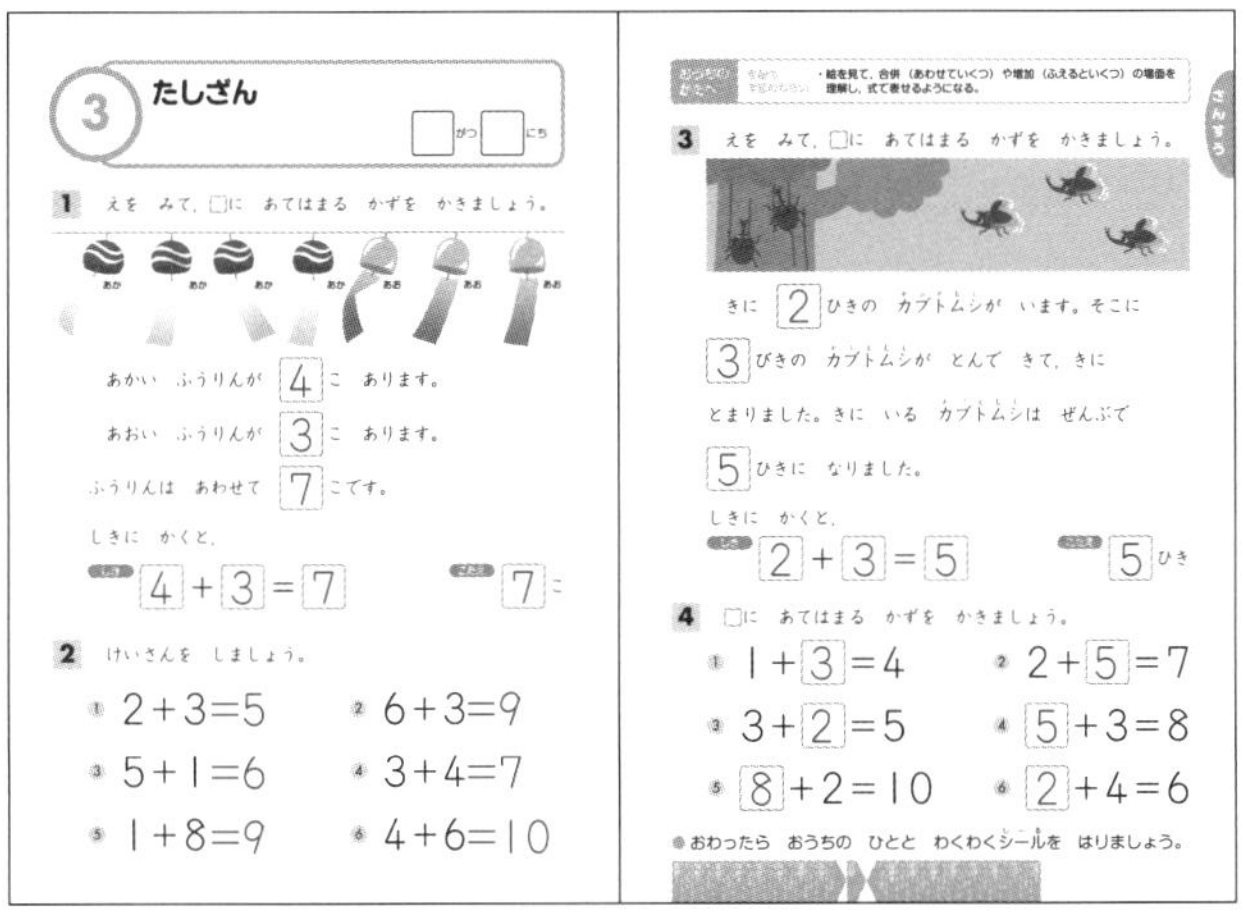
3 たしざん　□がつ□にち

1 えを　みて，□に　あてはまる　かずを　かきましょう。

あかい　ふうりんが　4　こ　あります。
あおい　ふうりんが　3　こ　あります。
ふうりんは　あわせて　7　こです。
しきに　かくと，
4 + 3 = 7　　7 こ

2 けいさんを　しましょう。
① 2+3=5　② 6+3=9
③ 5+1=6　④ 3+4=7
⑤ 1+8=9　⑥ 4+6=10

・絵を見て，合併（あわせていくつ）や増加（ふえるといくつ）の場面を理解し，式で表せるようになる。

3 えを　みて，□に　あてはまる　かずを　かきましょう。

きに　2　ひきの　カブトムシが　います。そこに　3　びきの　カブトムシが　とんで　きて，きに　とまりました。きに　いる　カブトムシは　ぜんぶで　5　ひきに　なりました。
しきに　かくと，
2 + 3 = 5　　5 ひき

4 □に　あてはまる　かずを　かきましょう。
① 1+3=4　② 2+5=7
③ 3+2=5　④ 5+3=8
⑤ 8+2=10　⑥ 2+4=6

● おわったら　おうちの　ひとと　わくわくシールを　はりましょう。

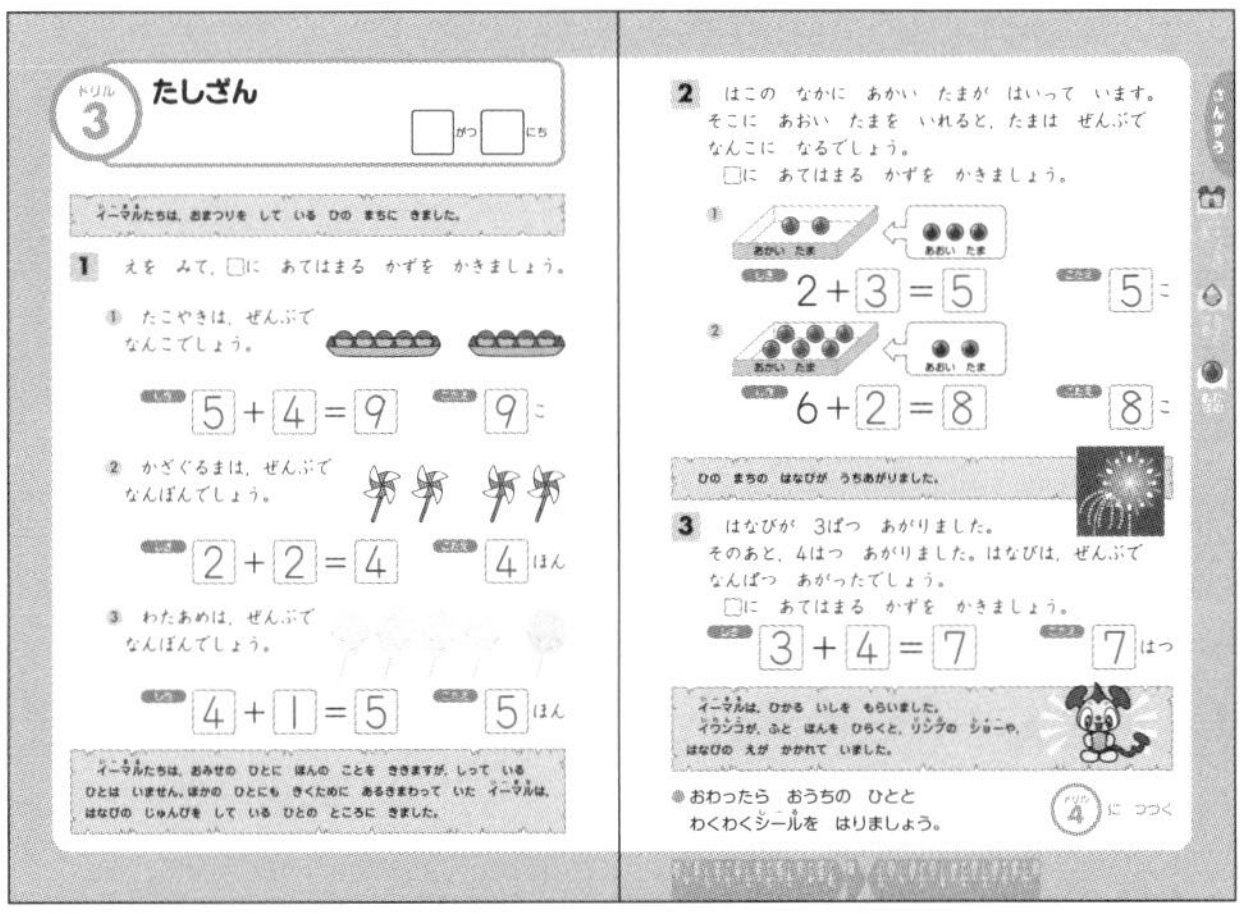
ドリル 3 たしざん　□がつ□にち

イーマルたちは，おまつりを　して　いる　ひの　まちに　きました。

1 えを　みて，□に　あてはまる　かずを　かきましょう。
① たこやきは，ぜんぶで　なんこでしょう。
5 + 4 = 9　　9 こ
② かざぐるまは，ぜんぶで　なんぼんでしょう。
2 + 2 = 4　　4 ほん
③ わたあめは，ぜんぶで　なんぼんでしょう。
4 + 1 = 5　　5 ほん

イーマルたちは，おみせの　ひとに　ほんの　ことを　ききますが，しって　いる　ひとは　いません。ほかの　ひとにも　きくために　あるきまわって　いた　イーマルは，はなびの　じゅんびを　して　いる　ひとの　ところに　きました。

2 はこの　なかに　あかい　たまが　はいって　います。そこに　あおい　たまを　いれると，たまは　ぜんぶで　なんこに　なるでしょう。
□に　あてはまる　かずを　かきましょう。
① あかい　たま　あおい　たま
2 + 3 = 5　　5 こ
② あかい　たま　あおい　たま
6 + 2 = 8　　8 こ

ひの　まちの　はなびが　うちあがりました。

3 はなびが　3ぱつ　あがりました。そのあと，4はつ　あがりました。はなびは，ぜんぶで　なんぱつ　あがったでしょう。
□に　あてはまる　かずを　かきましょう。
3 + 4 = 7　　7 はつ

イーマルは，ひかる　いしを　もらいました。イワシコが，ふと　ほんを　ひらくと，リンゴの　ショーや，はなびの　えが　かかれて　いました。

● おわったら　おうちの　ひとと　わくわくシールを　はりましょう。
ドリル 4 に　つづく

絵を見てたし算の場面をとらえ，式で表します。今回は，「合併（あわせていくつ）」と「増加（ふえるといくつ）」の2つの場面を学習します。式は，場面を数字と記号を用いて表すものです。文章題に取り組む際につまずかないために，場面を理解し，問題文に合った式を立てるようにしましょう。

さんすう　第３回

1 は合併，**3** は増加の場面です。**1** の合併では，「4＋3」でも「3＋4」でもそれほど違いはありませんが，**3** の増加では，もともと木にいる「2匹」に新たに「3匹」加わることから，「3＋2」よりも，「2＋3」のほうが，問題文に合った式となります。**4** は，数構成を応用して解きます。**4** ① を「4－1＝□」とする解き方は上の学年の内容ですので，現段階では，「1にいくつをたすと4になるかな？」と□に具体的な数をあてはめて考えていきます。

さんすう ドリル　第３回

2，**3** は増加の場面です。**2** では，たされる数が初めから書かれていますが，**3** は，たされる数とたす数が空欄です。増加の場面をとらえ，「3＋4」と立式できるとよいでしょう。しかしながら，たし算は交換法則が成り立つので，増加の場面でたされる数とたす数が逆でも間違いではありません。数値を逆にして立式している場合は，○をつけてあげた上で，「最初に3発上がって，そのあと4発上がるから，「3＋4」のほうがもっといいよ。」と話してあげてください。

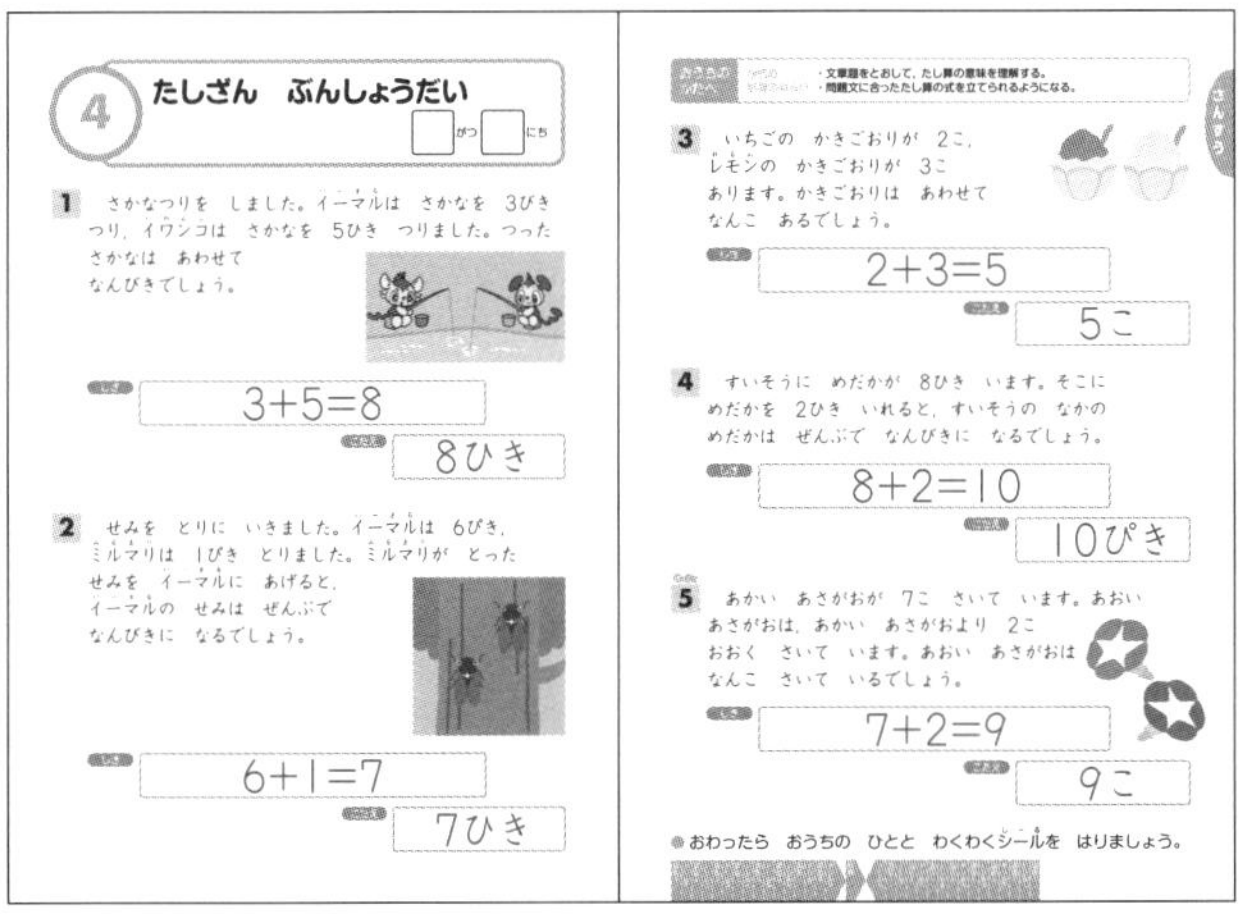
4 たしざん　ぶんしょうだい　□がつ□にち

1 さかなつりを　しました。イーマルは　さかなを　3びき　つり，イワシコは　さかなを　5ひき　つりました。つった　さかなは　あわせて　なんびきでしょう。
3+5=8　　8ひき

2 せみを　とりに　いきました。イーマルは　6ぴき，ミルマリは　1ぴき　とりました。ミルマリが　とった　せみを　イーマルに　あげると，イーマルの　せみは　ぜんぶで　なんびきに　なるでしょう。
6+1=7　　7ひき

・文章題をとおして，たし算の意味を理解する。
・問題文に合ったたし算の式を立てられるようになる。

3 いちごの　かきごおりが　2こ，レモンの　かきごおりが　3こ　あります。かきごおりは　あわせて　なんこ　あるでしょう。
2+3=5　　5こ

4 すいそうに　めだかが　8ひき　います。そこに　めだかを　2ひき　いれると，すいそうの　なかの　めだかは　ぜんぶで　なんびきに　なるでしょう。
8+2=10　　10ぴき

5 あかい　あさがおが　7こ　さいて　います。あおい　あさがおは，あかい　あさがおより　2こ　おおく　さいて　います。あおい　あさがおは　なんこ　さいて　いるでしょう。
7+2=9　　9こ

● おわったら　おうちの　ひとと　わくわくシールを　はりましょう。

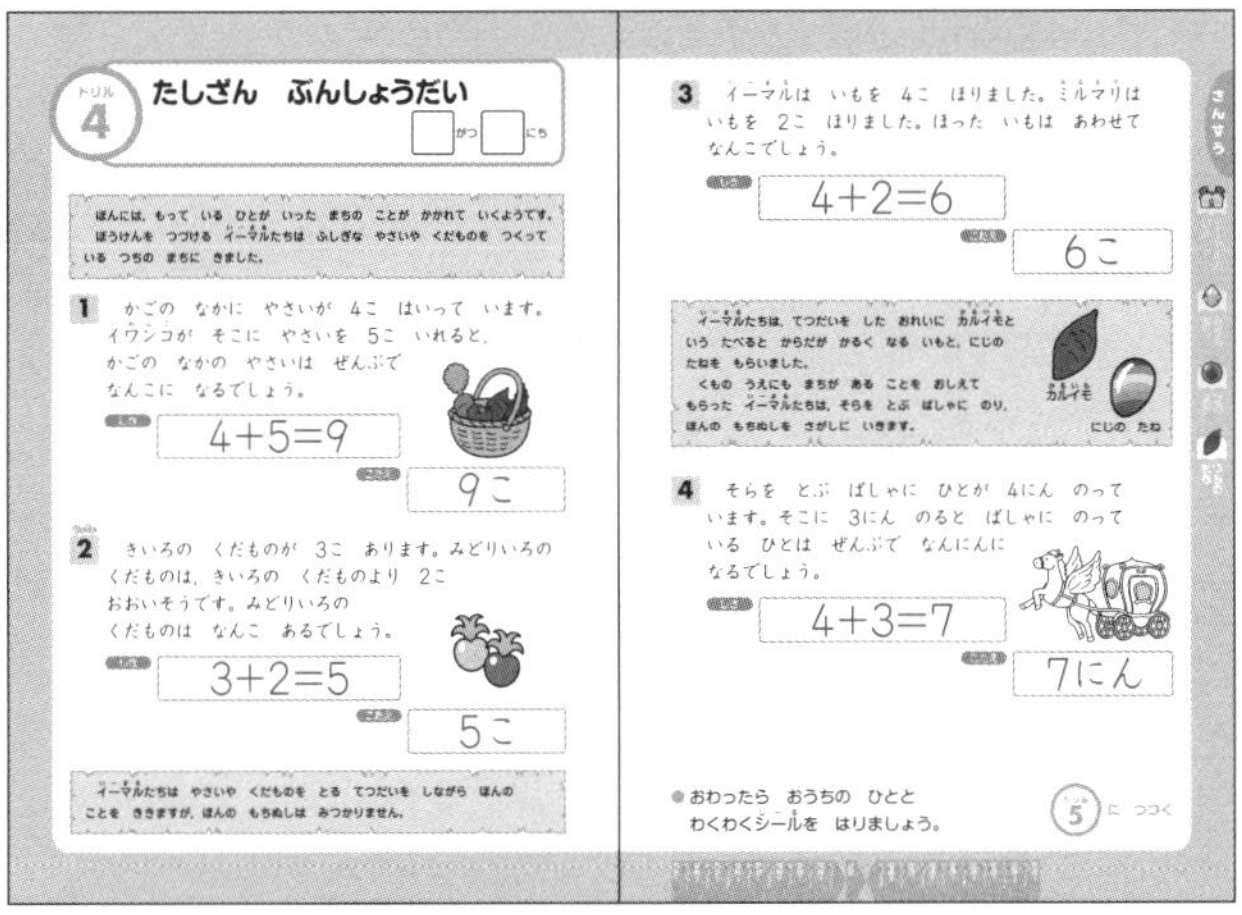
ドリル 4 たしざん　ぶんしょうだい　□がつ□にち

ほんには，もって　いる　ひとが　いった　まちの　ことが　かかれて　いくようです。ぼうけんを　つづける　イーマルたちは　ふしぎな　やさいや　くだものを　つくって　いる　つちの　まちに　きました。

1 かごの　なかに　やさいが　4こ　はいって　います。イワシコが　そこに　やさいを　5こ　いれると，かごの　なかの　やさいは　ぜんぶで　なんこに　なるでしょう。
4+5=9　　9こ

2 きいろの　くだものが　3こ　あります。みどりいろの　くだものは，きいろの　くだものより　2こ　おおいそうです。みどりいろの　くだものは　なんこ　あるでしょう。
3+2=5　　5こ

イーマルたちは　やさいや　くだものを　とる　てつだいを　しながら　ほんの　ことを　ききますが，ほんの　もちぬしは　みつかりません。

3 イーマルは　いもを　4こ　ほりました。ミルマリは　いもを　2こ　ほりました。ほった　いもは　あわせて　なんこでしょう。
4+2=6　　6こ

イーマルたちは，てつだいを　した　おれいに　カルイモと　いう　たべると　からだが　かるく　なる　いもと，にじの　たねを　もらいました。
くもの　うえにも　まちが　ある　ことを　おしえて　もらった　イーマルたちは，そらを　とぶ　ばしゃに　のり，ほんの　もちぬしを　さがしに　いきます。
カルイモ　にじの　たね

4 そらを　とぶ　ばしゃに　ひとが　4にん　のって　います。そこに　3にん　のると　ばしゃに　のって　いる　ひとは　ぜんぶで　なんにんに　なるでしょう。
4+3=7　　7にん

● おわったら　おうちの　ひとと　わくわくシールを　はりましょう。
ドリル 5 に　つづく

文章題を解くにあたっては，文章を読んでその問題の場面を把握し，問われている内容をよく理解することが必要です。問題の場面をイメージしやすくする目的でイラストを添えていますが，第３回とは異なり，問題に出てくる数とイラストの数は一致していませんので，より一層場面を想像する力が必要になってきます。難しく感じているようでしたら，おうちの方が一緒になって問題文を読んであげたり，「イーマルがつった魚の数だけ○をかいてごらん。」と図をかくことを促す声かけをしてあげたりしてください。

さんすう　第４回

2 は増加ですが，「とった」せみを「あげる」という，動作が2段階にわたるので，場面の理解が難しい問題です。順序立てて考えていきましょう。**5** は，一見すると増加のようですが，「青いあさがおは，7個までは赤いあさがおと同じ数咲いている」ことをとらえ，「赤いあさがおと同じ数咲いている青いあさがお7個」と「赤いあさがおより多く咲いている青いあさがお2個」をたし算します。このように小さいものの数と，小さいものと大きいものの差がわかっていて，大きいものの数を求める問題を求大といいます。

さんすう ドリル　第４回

2 も求大のたし算です。求大の問題では，ものの数を正しくとらえることが必要になってくるので，図を用いて考えるとよいでしょう。

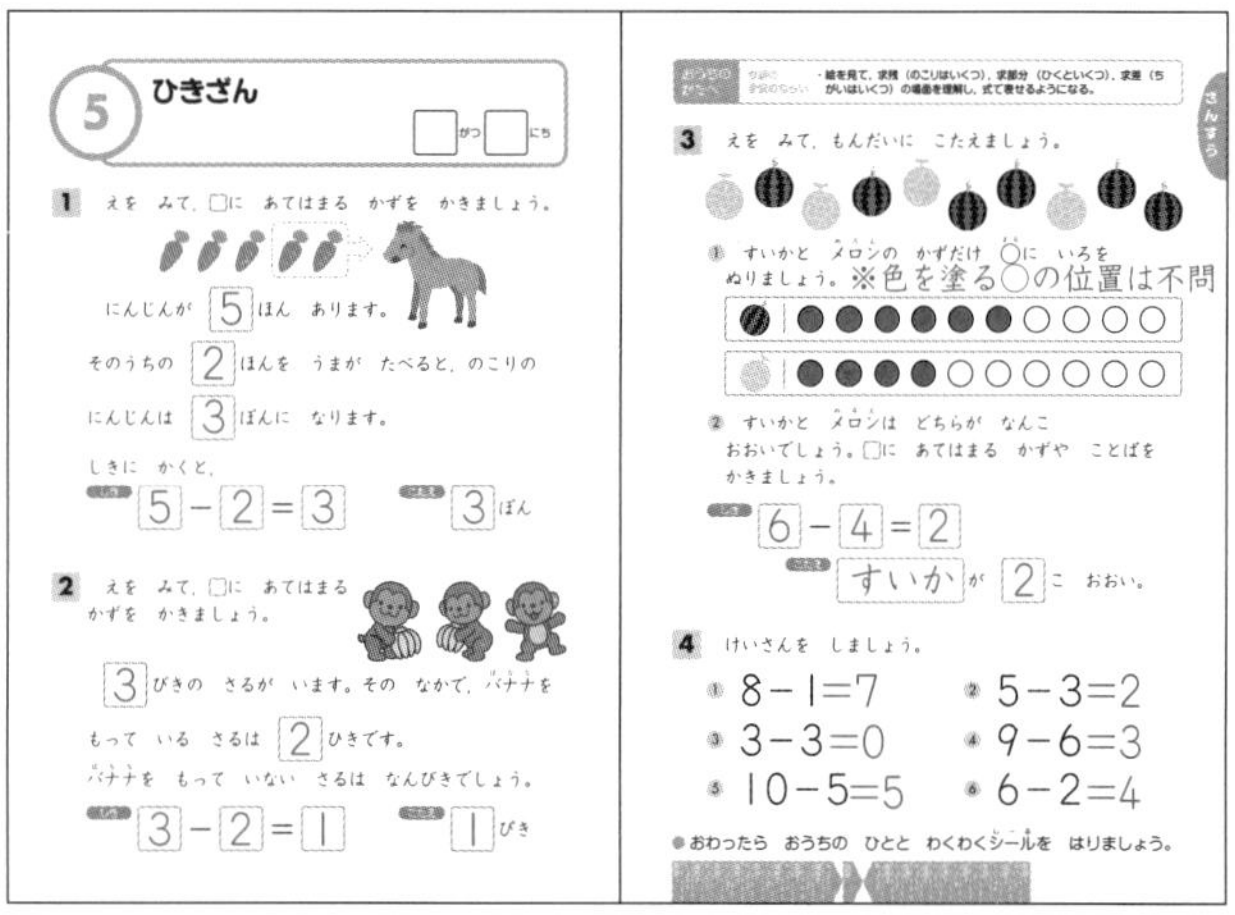
5 ひきざん

1 えを みて，□に あてはまる かずを かきましょう。
にんじんが 5ほん あります。
そのうちの 2ほんを うまが たべると，のこりの にんじんは 3ぼんに なります。
しきに かこう。
しき 5－2＝3　こたえ 3ぼん

2 えを みて，□に あてはまる かずを かきましょう。
3びきの さるが います。その なかで，バナナを もって いる さるは 2ひきです。
バナナを もって いない さるは なんびきでしょう。
しき 3－2＝1　こたえ 1ぴき

3 えを みて，もんだいに こたえましょう。
① すいかと メロンの かずだけ ○に いろを ぬりましょう。※色を塗る○の位置は不問
② すいかと メロンは どちらが なんこ おおいでしょう。□に あてはまる かずや ことばを かきましょう。
しき 6－4＝2　こたえ すいかが 2こ おおい。

4 けいさんを しましょう。
① 8－1＝7　② 5－3＝2
③ 3－3＝0　④ 9－6＝3
⑤ 10－5＝5　⑥ 6－2＝4

●おわったら おうちの ひとと わくわくシールを はりましょう。

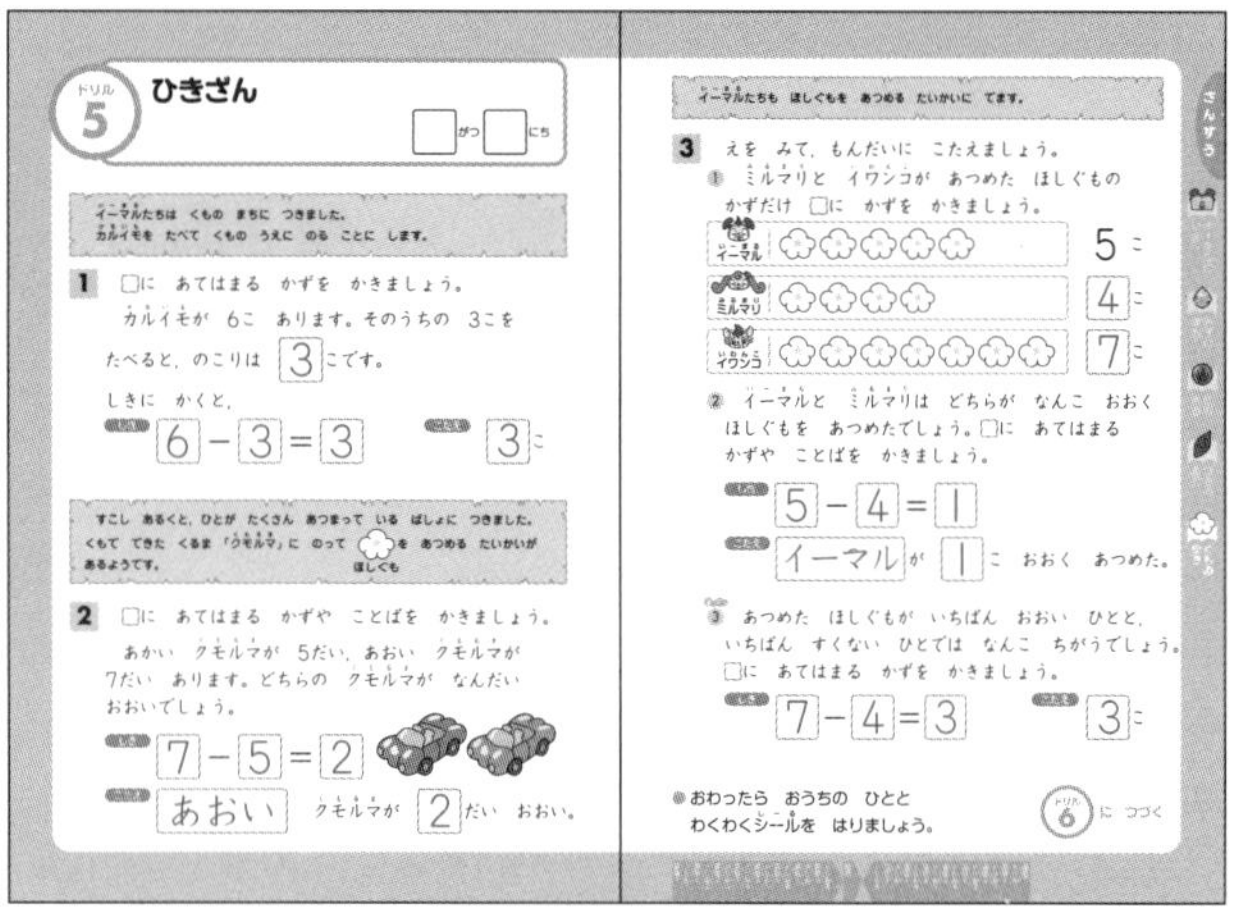
ドリル 5 ひきざん

1 □に あてはまる かずを かきましょう。
しき 6－3＝3　こたえ 3こ

2 □に あてはまる かずや ことばを かきましょう。
しき 7－5＝2　こたえ あおい クモルマが 2だい おおい。

3 えを みて，もんだいに こたえましょう。
5こ　4こ　7こ
しき 5－4＝1　こたえ イーマルが 1こ おおく あつめた。
しき 7－4＝3　こたえ 3こ

●おわったら おうちの ひとと わくわくシールを はりましょう。

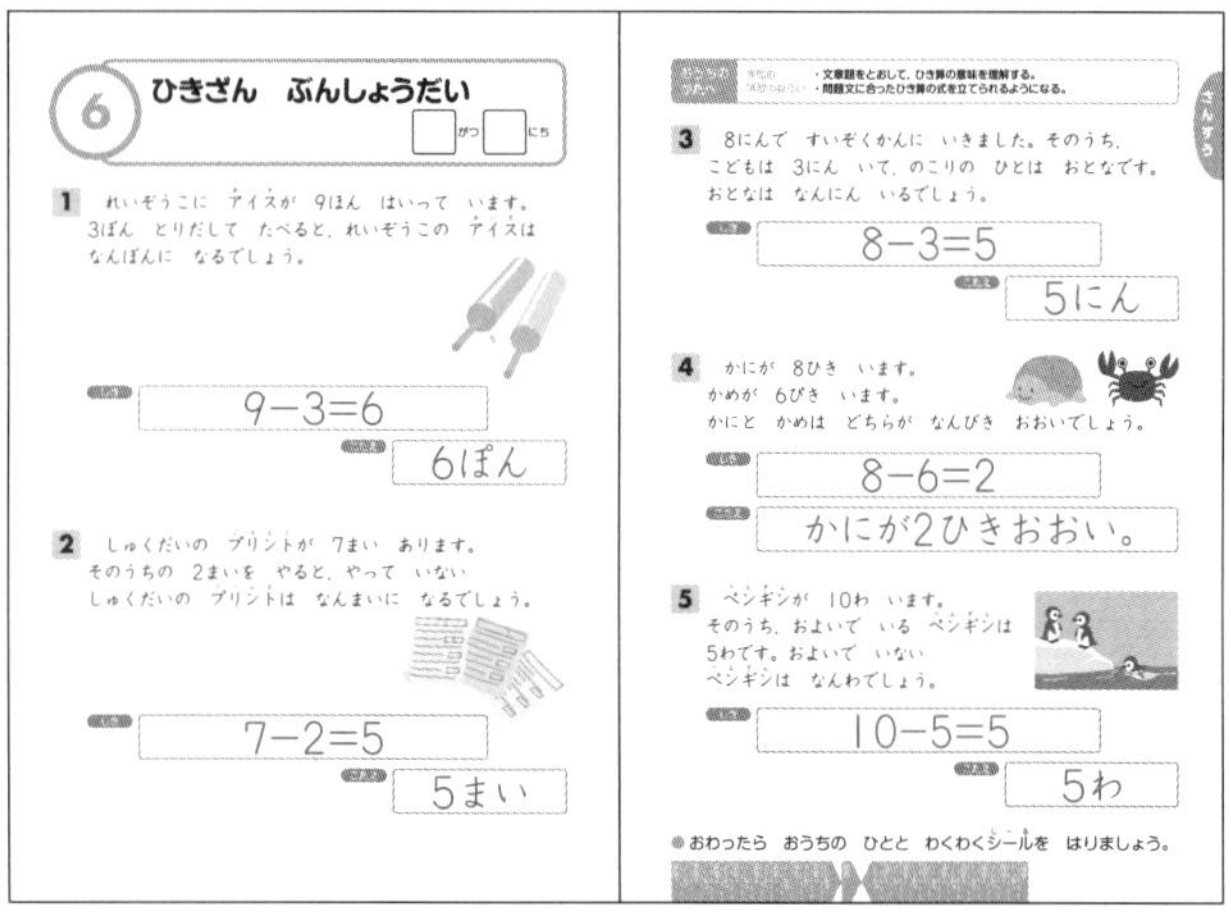
6 ひきざん ぶんしょうだい

1 れいぞうこに アイスが 9ほん はいって います。3ぼん とりだして たべると，れいぞうこの アイスは なんぼんに なるでしょう。
しき 9－3＝6　こたえ 6ぽん

2 しゅくだいの プリントが 7まい あります。そのうちの 2まいを やると，やって いない しゅくだいの プリントは なんまいに なるでしょう。
しき 7－2＝5　こたえ 5まい

3 しき 8－3＝5　こたえ 5にん

4 かにが 8ひき います。かめが 6ぴき います。かにと かめは どちらが なんびき おおいでしょう。
しき 8－6＝2　こたえ かにが2ひきおおい。

5 ペンギンが 10わ います。
しき 10－5＝5　こたえ 5わ

●おわったら おうちの ひとと わくわくシールを はりましょう。

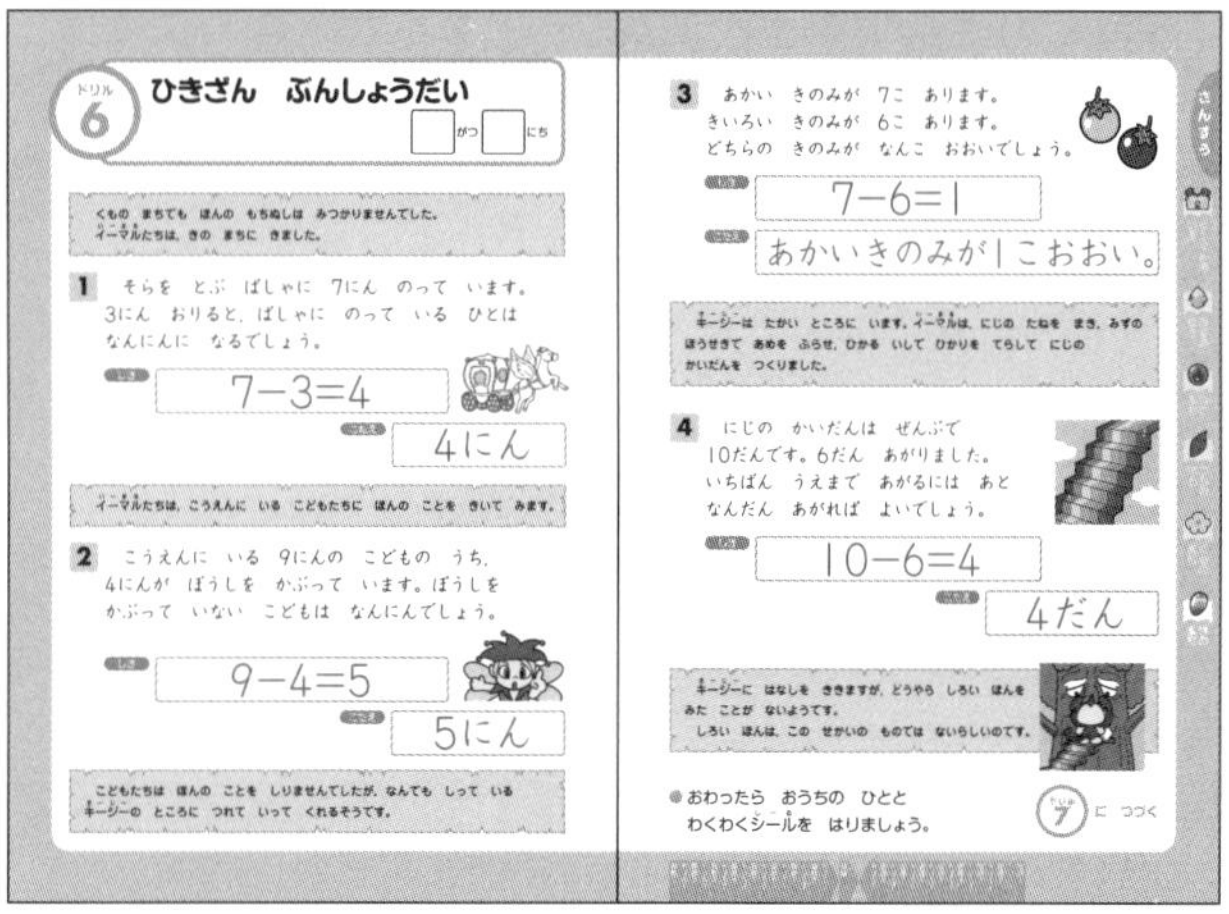
ドリル 6 ひきざん ぶんしょうだい

1 そらを とぶ ばしゃに 7にん のって います。3にん おりると，ばしゃに のって いる ひとは なんにんに なるでしょう。
しき 7－3＝4　こたえ 4にん

2 こうえんに いる 9にんの こどもの うち，4にんが ぼうしを かぶって います。ぼうしを かぶって いない こどもは なんにんでしょう。
しき 9－4＝5　こたえ 5にん

3 あかい きのみが 7こ あります。きいろい きのみが 6こ あります。どちらの きのみが なんこ おおいでしょう。
しき 7－6＝1　こたえ あかいきのみが1こおおい。

4 にじの かいだんは ぜんぶで 10だんです。6だん あがりました。いちばん うえまで あがるには あと なんだん あがれば よいでしょう。
しき 10－6＝4　こたえ 4だん

●おわったら おうちの ひとと わくわくシールを はりましょう。

ひき算の学習に入ります。本書では，「求残（のこりはいくつ）」，「求部分（ひくといくつ）」，「求差（ちがいはいくつ）」の3つを主に取り上げています。

さんすう　第5回

1は求残，**2**は求部分，**3**は求差の場面です。ひき算を難しく感じる理由の1つに，「求める数がわかりにくい」というケースがあります。**1**では，馬が食べたはずの人参が紙面上に残っていたり，**2**では場面の中で数の減少がなかったりするため，場面がイメージしづらいのです。そのような場合には，馬が食べた人参や，バナナを持ったさるを手で隠すなどをして視覚的な補助をしてあげると，理解しやすいでしょう。**3**の求差の問題は，つまずきやすい問題です。今回の問題では，すいかとメロンの数を半具体物「●」に置きかえて，比べやすいように並べましたが，このときに，すいかの「●」とメロンの「●」を1つずつ線で結んで1対1の対を作るようにして考えると，結ばれていない「●」の数が多い分の数になり，どれだけ多いのかが，視覚的にもわかりやすくなります。

さんすう ドリル　第5回

1は求残，**2**と**3**は，求差の場面です。**3**の③は，今までの求差の問題と異なり，比べるのがどの数なのかが具体的でなく，自分で見つけなければならないため，発展的な内容といえます。

文章題に取り組む際の子どもがつまずきやすいケースとして，「答えは求められるが式が立てられない」というケースや，「答えとして求めるべき数が式の中に出てきてしまう」というケースがあります。そのような場合には，自分がどのように考えたのかを説明してもらいましょう。言葉にすることで，問題の場面や自分の考えを整理することができます。説明ができたところで，「だからこういう式になるんだね。」と，改めて式を立てたり，「問題にはこの数は出てこないね。」と立てた式を確認したりするとよいでしょう。

さんすう　第6回

4のような求差では，「どちらが」と「なんびきおおい」の2つを答えなければなりません。言い回しが異なっていても，「どちらが」と「なんびきおおい」の2つがきちんと答えられていれば，○をつけてあげてください。

さんすう ドリル　第6回

4では，階段の数え方「だん」を取り上げました。このように，物の数を数えるとき，数の後につける「ほん」や「ひき」のことを「助数詞」といいます。ドリル第3回では花火の数え方として普段聞き慣れない「はつ」を取り上げました。算数だけに限らず，いろいろな物の数え方は大切なので，日常生活の中でも，例えば鳥を見かけたときに，「鳥は，1羽，2羽と数えるよ。」と，助数詞に触れる機会を作ってあげるとよいでしょう。

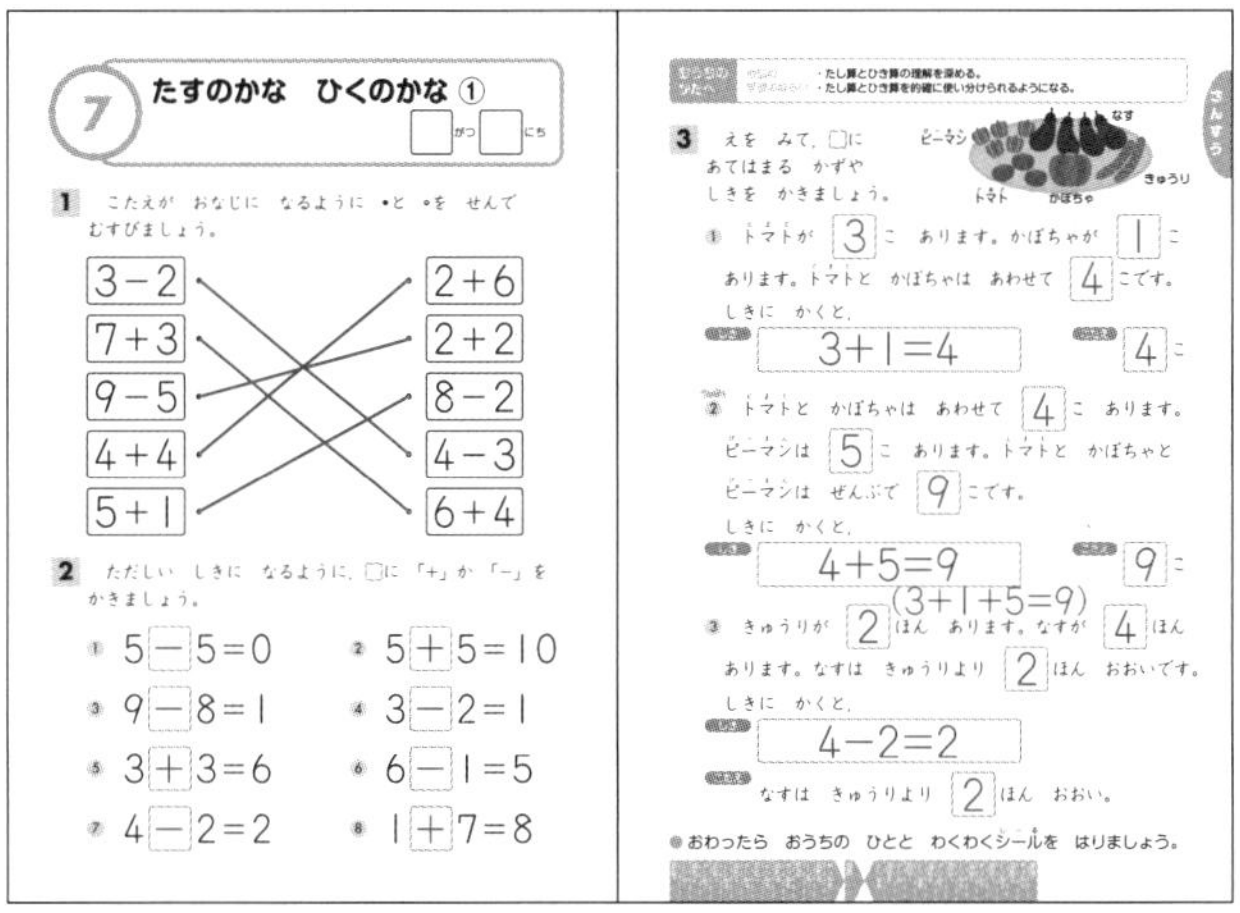

7 たすのかな　ひくのかな ①

□がつ□にち

1 こたえが　おなじに　なるように　•と　•を　せんで　むすびましょう。

3−2　7+3　9−5　4+4　5+1

2+6　2+2　8−2　4−3　6+4

2 ただしい　しきに　なるように，□に「+」か「−」を　かきましょう。

① 5−5=0　② 5+5=10
③ 9−8=1　④ 3−2=1
⑤ 3+3=6　⑥ 6−1=5
⑦ 4−2=2　⑧ 1+7=8

・たし算とひき算の理解を深める。
・たし算とひき算を的確に使い分けられるようになる。

3 えを　みて，□に　あてはまる　かずや　しきを　かきましょう。

ピーマン　なす　トマト　かぼちゃ　きゅうり

① トマトが 3 こ　あります。かぼちゃが 1 こ　あります。トマトと　かぼちゃは　あわせて 4 こです。
しきに　かくと，
3+1=4　4 こ

② トマトと　かぼちゃは　あわせて 4 こ　あります。ピーマンは 5 こ　あります。トマトと　かぼちゃと　ピーマンは　ぜんぶで 9 こです。
しきに　かくと，
4+5=9　9 こ
(3+1+5=9)

③ きゅうりが 2 ほん　あります。なすが 4 ほん　あります。なすは　きゅうりより 2 ほん　おおいです。
しきに　かくと，
4−2=2
なすは　きゅうりより 2 ほん　おおい。

●おわったら　おうちの　ひとと　わくわくシールを　はりましょう。

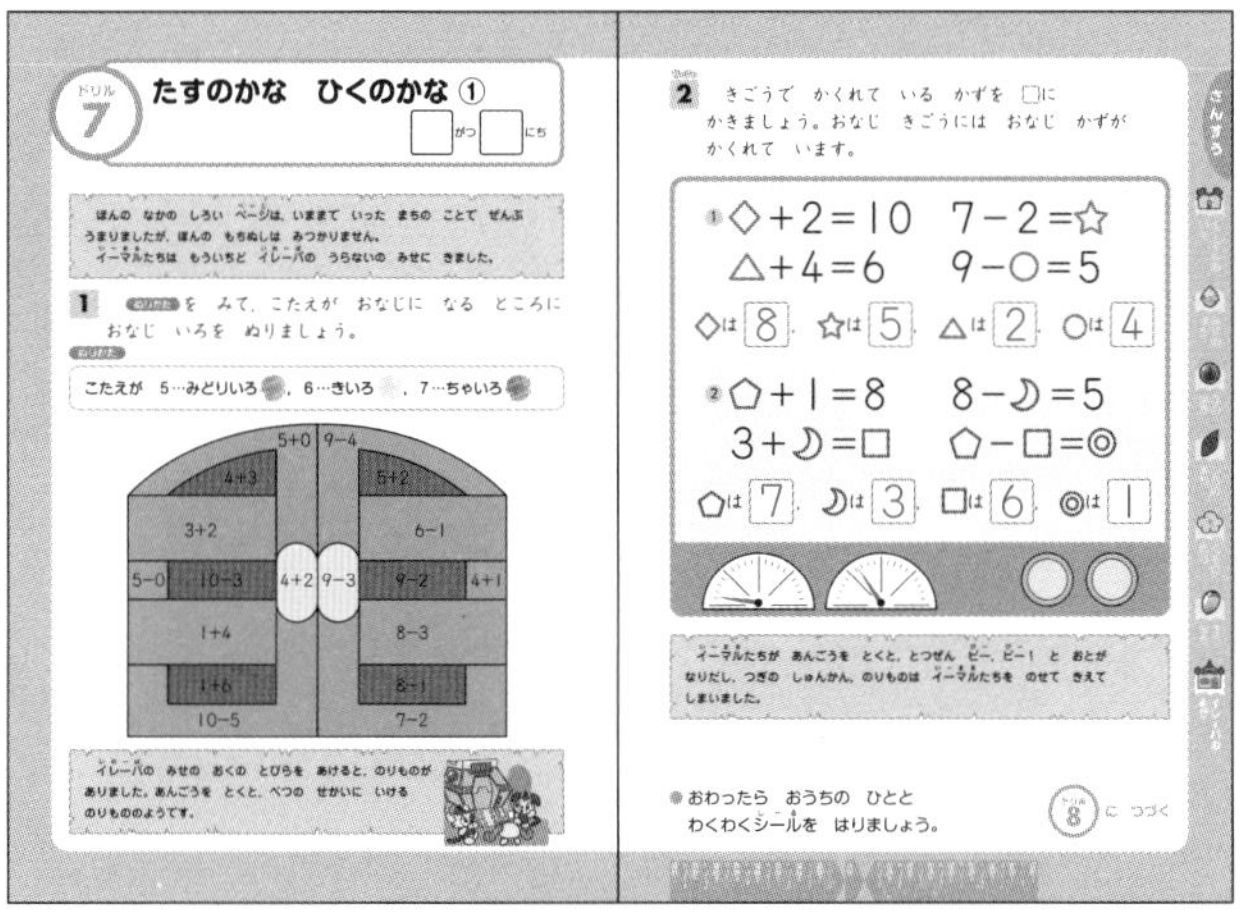

ドリル 7 たすのかな　ひくのかな ①

□がつ□にち

ほんの　なかの　しろい　ページは，いままで　いった　まちの　ことで　ぜんぶ　うまりましたが，ほんの　もちぬしは　みつかりません。イーマルたちは　もういちど　イレーパの　うらないの　みせに　きました。

1 を　みて，こたえが　おなじに　なる　ところに　おなじ　いろを　ぬりましょう。

こたえが　5…みどりいろ，6…きいろ，7…ちゃいろ

5+0　9−4　4+3　5+2　3+2　6−1　5−0　10−3　4+2　9−3　9−2　4+1　1+4　8−3　1+6　8−1　10−5　7−2

イレーパの　みせの　おくの　とびらを　あけると，のりものが　ありました。あんごうを　とくと，べつの　せかいに　いける　のりもののようです。

2 きごうで　かくれて　いる　かずを　□に　かきましょう。おなじ　きごうには　おなじ　かずが　かくれて　います。

① ◇+2=10　7−2=☆
△+4=6　9−○=5
◇は 8，☆は 5，△は 2，○は 4

② ⬠+1=8　8−☽=5
3+☽=□　⬠−□=◎
⬠は 7，☽は 3，□は 6，◎は 1

イーマルたちが　あんごうを　とくと，とつぜん　ピー，ピー！　と　おとが　なりだし，つぎの　しゅんかん，のりものは　イーマルたちを　のせて　きえて　しまいました。

●おわったら　おうちの　ひとと　わくわくシールを　はりましょう。

ドリル 8 に　つづく

前回までは，意味の理解を深めるためにイラストを使ってたし算やひき算の具体的な場面を表す問題を扱ってきましたが，今回は，計算力や数学的思考力育成のための問題です。

さんすう　第7回

1で，求めた答えを余白にメモしている場合は，その工夫をぜひほめてあげてください。逆に，メモをせずに間違えてしまった場合には，余白にメモをすると，間違いが減ることを教えられる良い機会です。「答えをすぐ横に書くと，間違えにくくなるよ。」と声をかけ，もう一度取り組むように促してあげてください。**2**で，やり方がわからなくて戸惑っている場合には，「□に＋と－のどちらを入れたら，正しい式になるかな。」と声をかけてください。**3**の②は，「4＋5」を模範解答としましたが，「3+1+5」と3つの数のたし算で考えている場合でも，問題の場面をきちんと理解できている証拠ですので，○をつけてあげてください。

さんすう ドリル　第7回

2は，発展的な問題です。①は，第3回と同様，具体的な数をあてはめて考えていきます。②は，1つの式に対して，求める数が2つや3つのものもあります。求める数が1つのものから求め，同じ記号には同じ数が入ることを確認しながら，記号にメモをするとよいでしょう。難しい問題ですので，お子さまとぜひ一緒になって取り組んであげてください。

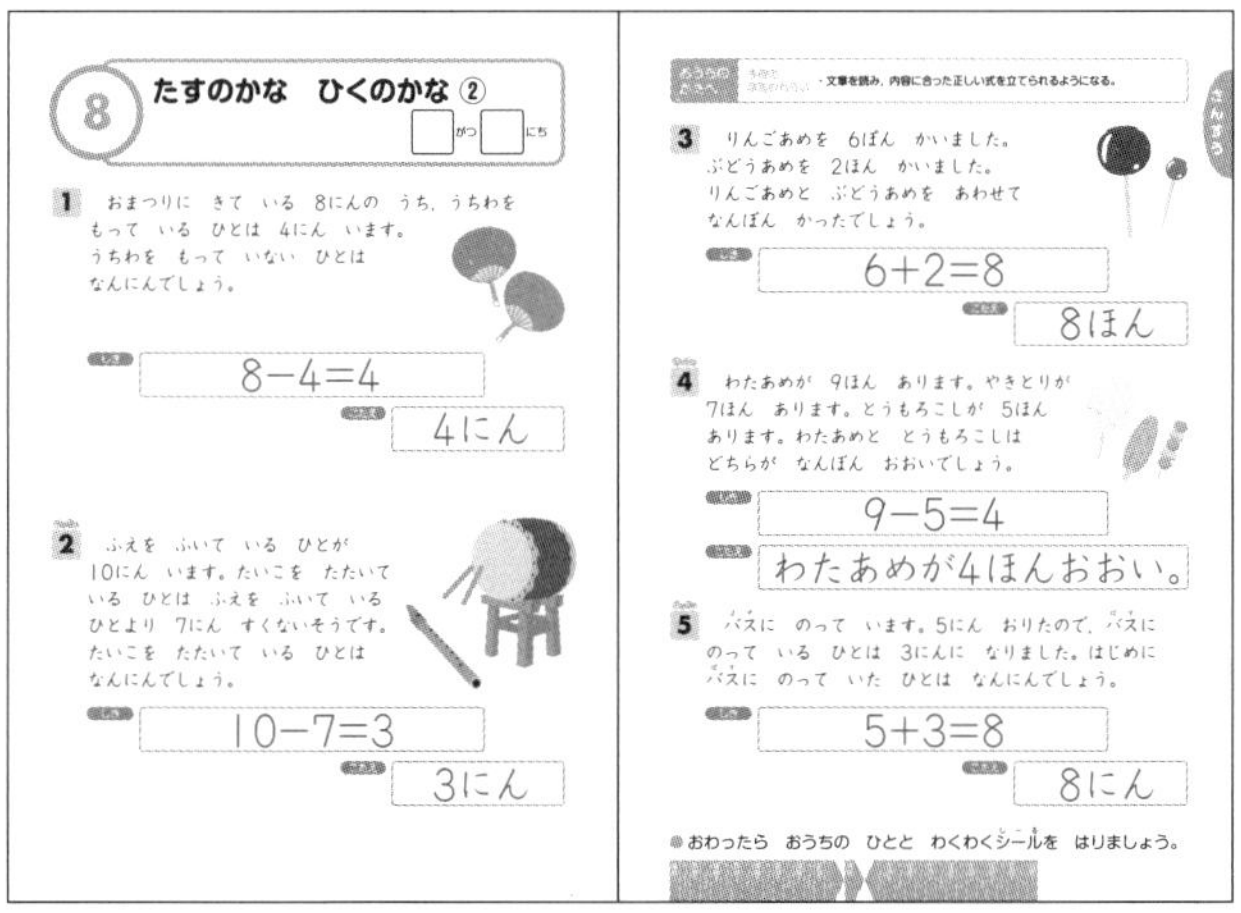

8 たすのかな　ひくのかな ②

□がつ□にち

1 おまつりに　きて　いる　8にんの　うち，うちわを　もって　いる　ひとは　4にん　います。うちわを　もって　いない　ひとは　なんにんでしょう。

8−4=4　4にん

2 ふえを　ふいて　いる　ひとが　10にん　います。たいこを　たたいて　いる　ひとは　ふえを　ふいて　いる　ひとより　7にん　すくないそうです。たいこを　たたいて　いる　ひとは　なんにんでしょう。

10−7=3　3にん

・文章を読み，内容に合った正しい式を立てられるようになる。

3 りんごあめを　6ぽん　かいました。ぶどうあめを　2ほん　かいました。りんごあめと　ぶどうあめを　あわせて　なんぼん　かったでしょう。

6+2=8　8ほん

4 わたあめが　9ほん　あります。やきとりが　7ほん　あります。とうもろこしが　5ほん　あります。わたあめと　とうもろこしは　どちらが　なんぼん　おおいでしょう。

9−5=4　わたあめが4ほんおおい。

5 バスに　のって　います。5にん　おりたので，バスに　のって　いる　ひとは　3にんに　なりました。はじめに　バスに　のって　いた　ひとは　なんにんでしょう。

5+3=8　8にん

●おわったら　おうちの　ひとと　わくわくシールを　はりましょう。

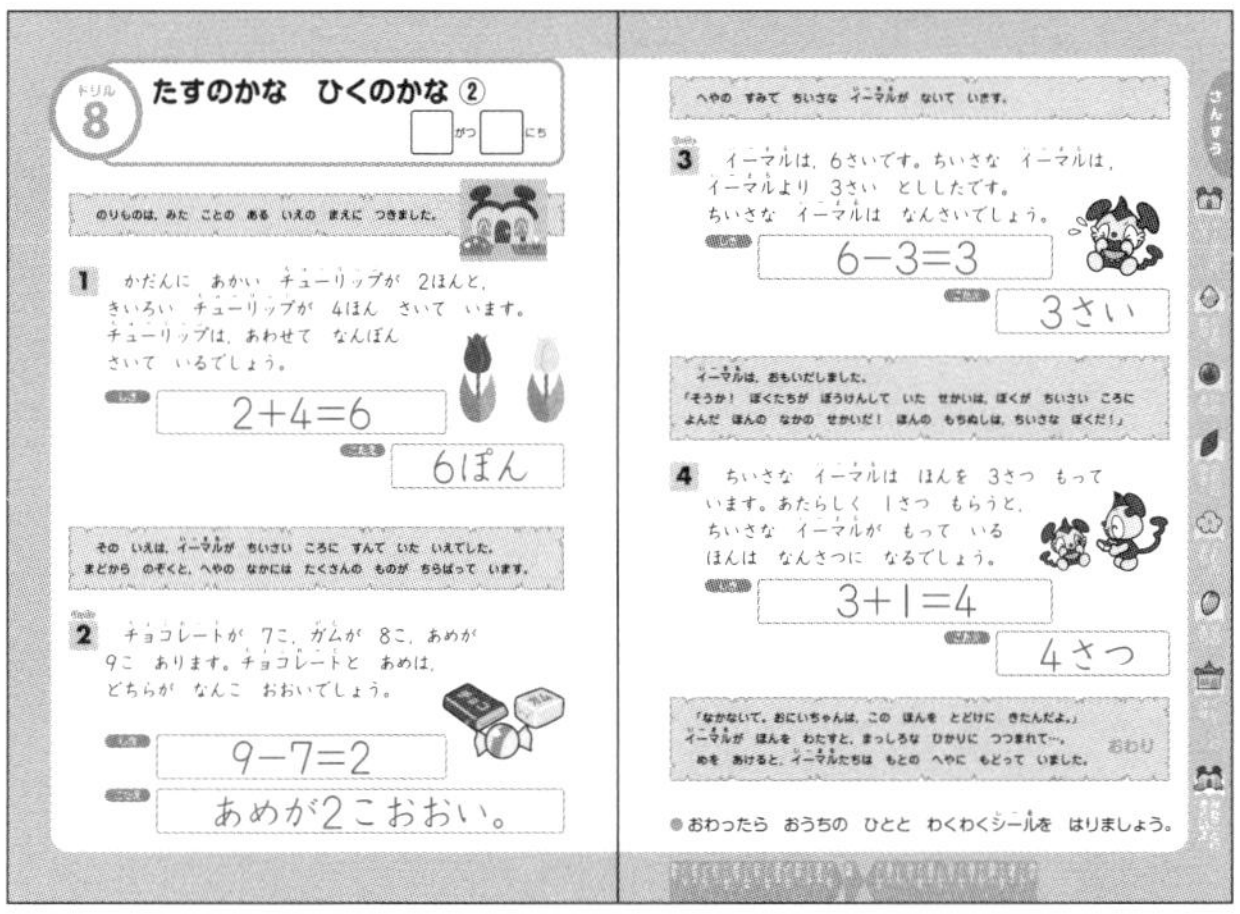

ドリル 8 たすのかな　ひくのかな ②

□がつ□にち

のりものは，みた　ことの　ある　いえの　まえに　つきました。

1 かだんに　あかい　チューリップが　2ほんと，きいろい　チューリップが　4ほん　さいて　います。チューリップは，あわせて　なんぼん　さいて　いるでしょう。

2+4=6　6ぽん

その　いえは，イーマルが　ちいさい　ころに　すんで　いた　いえでした。まどから　のぞくと，へやの　なかには　たくさんの　ものが　ちらばって　います。

2 チョコレートが　7こ，ガムが　8こ，あめが　9こ　あります。チョコレートと　あめは，どちらが　なんこ　おおいでしょう。

9−7=2　あめが2こおおい。

へやの　すみで　ちいさな　イーマルが　ないて　います。

3 イーマルは，6さいです。ちいさな　イーマルは，イーマルより　3さい　とししたです。ちいさな　イーマルは　なんさいでしょう。

6−3=3　3さい

イーマルは，おもいだしました。
「そうか！　ぼくたちが　ぼうけんして　いた　せかいは，ぼくが　ちいさい　ころに　よんだ　ほんの　なかの　せかいだ！　ほんの　もちぬしは，ちいさな　ぼくだ！」

4 ちいさな　イーマルは　ほんを　3さつ　もって　います。あたらしく　1さつ　もらうと，ちいさな　イーマルが　もって　いる　ほんは　なんさつに　なるでしょう。

3+1=4　4さつ

「なかないで。おにいちゃんは，この　ほんを　とどけに　きたんだよ。」
イーマルが　ほんを　わたすと，まっしろな　ひかりに　つつまれて…。
めを　あけると，イーマルたちは　もとの　へやに　もどって　いました。

おわり

●おわったら　おうちの　ひとと　わくわくシールを　はりましょう。

たし算とひき算の文章題です。発展的な問題も取り上げましたので，場面が理解しにくく，難しく感じられることでしょう。問題文から場面を読み取り，「たし算かひき算か」を考えるためにも十分な時間を確保し，じっくりと取り組んでみてください。

さんすう　第8回

2は，ひき算の求小の問題です。あるものよりもどれだけ少ないかが示されているので，ひき算を用います。おはじきなどの具体物や図などを用いて考えると理解しやすいでしょう。**4**は，過条件と呼ばれる問題で，問題とは関係のない数をあえて登場させている問題です。今までの問題は，出てきた数どうしを組み合わせれば答えを求めることができましたが，この問題では，自分で用いるべき数を見極める力が必要です。**5**は，さらに場面の想像が難しい問題です。「おりた」というひき算を連想するような言葉がありますが，実際には，たし算を用います。

さんすう ドリル　第8回

2は問題とは関係のない数が出ている過条件の問題です。また，問題に出てくる順番で「7－9」と式を立てないように注意が必要です。**3**は求小の問題です。「としした」という表現が聞き慣れないお子さまもいらっしゃるかと思いますが，年が3歳違うこと，どちらのほうが年が小さいのかを教えてあげてください。

さんすう ドリル 第1回

あるひ、イーマルの いえに、ミルマリと イワンコが あそびに きました。
ミルマリが イーマルの へやの たなから ほんを みつけて いいます。
「この しろい ほんは なに? なかも まっしろで なにも かいて ないよ。」
イーマルが その ほんを ひらくと、まっしろな ひかりに つつまれて…。

イーマルたちは、しらない まちに きて しまいました。

まちの ひとに うらないの みせの ことを きいた イーマルたちは、うらないし イレーバに どうすれば もとの ばしょに もどれるか うらなって もらいました。

カードで うらなった あと、イレーバが いいます。

「この ほんは、まいご みたいだね。もちぬしが みつかれば、もとの ばしょに もどれるよ。」

イーマルたちは、ほんの もちぬしを さがす ぼうけんに でかけます。

さんすう ドリル 第2回

イーマルが イレーバの みせを でると、みずの まちの ショーで つかう にもつを はこんで いた えびの リンプと ぶつかって しまいました。
にもつを ひろって あげた イーマルたちは、リンプと みずの まちに いく ことに します。
しばらく あるくと、みずうみに きました。
みずうみに うかんで いる あわの なかに はいって みずうみの したの みずの まちに いきます。
みずの まちの ひとに ほんの ことを ききましたが、しって いる ひとは いませんでした。
ショーが はじまる じこくに なったので、みに いきます。
リンプの きょうだいたちも ショーに でて いました。
リンプは、ショーに きて くれた おれいに、みずの ほうせきを くれました。
「これを つかえば すきな ときに あめを ふらせる ことが できるんだ。」

さんすう ドリル 第3回

イーマルたちは、おまつりを して いる ひの まちに きました。

おみせの ひとに ほんの ことを ききますが、だれも しりません。

イーマルたちは、はなびの じゅんびを して いる おじさんの ところに きました。おじさんは あかと あおの たまを はこに いれて います。

「はなびを うちあげる じゅんびが できたぞ!」


ひの まちの はなびを みた あとで、はなびの おじさんに ほんの ことを ききましたが、おじさんも ほんの ことは しりませんでした。

「おみやげに はなびの ざいりょうに なる ひかる いしを あげよう。」

イーマルは、ひかる いしを もらいました。

イワンコが つぶやきながら、ほんを ひらきます。
「なにも かいて ないんだから もちぬしなんて… あ!」
ほんの なかには、リンプの ショーや、はなびの えが かかれて いました。

さんすう ドリル 第4回

ほんには、もって いる ひとが いった まちの ことが かかれて いくようです。

「ふしぎな ほんだね!」

イーマルたちは、ぼうけんを つづけます。

こんどは、つちの まちに きました。

つちの まちでは、ふしぎな やさいや くだものを つくって います。

イーマルたちは やさいや くだものを とる てつだいを しながら ほんに ついて ききますが、もちぬしは みつかりません。

イーマルが いもほりを てつだいます。

「この いもは なに?」

「これは カルイモと いって、たべると からだが かるく なるんだ。くもの うえにだって のれるんだよ。」

イーマルたちは、カルイモと にじの たねを もらい、そらを とぶ ばしゃに のって くもの まちに いきます。

さんすう ドリル 第5回

イーマルたちは、くもの　まちに　つきました。

「カルイモを　たべて　くもの　うえに　おりよう！」

くもの　うえに　おりて　しばらく　あるくと、ひとが　たくさん　いる　ばしょに　つきました。

「クモルマの たいかいが はじまるよ！」

「クモルマって、なに？」

「くもで　できた　くるまの　ことさ！　クモルマに　のりながら　ほしぐもを　あつめて、いちばん　おおく　あつめた　ひとが　ゆうしょうって　わけ。きみたちも　でて　みるかい？」

イーマルたちも、たいかいに　でる　ことに　しました。たいかいに　きて　いた　ひとにも　ほんの　ことを　ききましたが、しって　いる　ひとは　いませんでした。

「まだ　いって　いない　きの　まちが　あるらしいよ！」

イーマルたちは、もういちど　そらを　とぶ　ばしゃに　のります。

さんすう ドリル 第6回

きの　まちに　つきました。イーマルたちは、ばしゃから　おり、こうえんに　いる　こどもたちに　ほんの　ことを　ききます。

こどもたちは　ほんの　ことを　しりませんでしたが、なんでも　しって　いる　キージーの　ところに　つれて　いって　くれるそうです。とちゅう、こどもたちは　きのみを　くれました。

おおきな　きの　したに　つきました。

こどもたちは　とんで　いくようですが、イーマルたちは、とべません。

「そうだ！　にじの　たねを　つかおう！」

イーマルは、にじの　たねを　まき、みずの　ほうせきで　あめを　ふらせ、ひかる　いしで　ひかりを　てらしました。

すると…。

なんと、にじの　かいだんが　できました！

にじの　かいだんを　のぼり、キージーに　ほんの　ことを　ききます。

「こんな　ほんは　みた　ことが　ない。この　せかいの　ものでは　ないのう…。」

さんすう ドリル 第7回

たくさんの　まちに　いきましたが、ほんの　もちぬしは　みつかりません。ほんの　なかには、もう　しろい　ページは　ありませんでした。

イーマルたちは、はじめの　まちに　もどり、もういちど　イレーバに　きいて　みます。

「この　せかいの　ものじゃ　ないなら、もちぬしは、この　せかいには　いないかもね。ついて　おいで。」

みせの　おくには　ふしぎな　とびらが　あり、なかには、のりものが　ありました。

「これに　のって、あんごうを　とくと　べつの　せかいに　いけるよ。」

イーマルたちが　のりものに　のると、うんてんせきの　がめんには、あんごうが　あります。

「とけた！」

イーマルたちが　あんごうを　とくと、ピー、ピー！　と　おとが　なりだします。

「なんだ！　なんだ！　うわっ！」

つぎの　しゅんかん、イーマルたちは、のりものごと　ふっと　きえて　しまいました。

さんすう ドリル 第8回

のりものは、みた　ことの　ある　いえの　まえに　つきました。

「ぼくの　いえ？　でも　かだんは　ちいさい　ころにしか　なかったような？」

まどから　のぞくと、おかしが　ちらばって　いる　へやで、ちいさな　イーマルが　ないて　います。イーマルは、おもいだしました。

「そうか！　ぼくたちが　ぼうけんして　いた　せかいは、ぼくが　ちいさい　ころに　よんだ　ほんの　なかの　せかいだ！　ほんの　もちぬしは、ちいさな　ぼくだ！」

すると、ほんは　ひかりだし、しろい　ほんが　あおく　かわって　いきます。

イーマルは、へやの　なかに　はいって　いいます。

「おにいちゃんは、この　ほんを　とどけに　きたんだよ。」

イーマルが　ほんを　わたすと、まっしろな　ひかりに　つつまれて…。

イーマルたちは、もとの　せかいに　もどって　いました。

しろい　ほんは　きえ、たなには　あおい　ほんが　あります。

「きっと、この　ほんは　みらいの　ぼくが　プレゼントして　くれたんだ。だから、こんどは　ぼくが　プレゼントする　ばんだったんだね。」

好評

かっこいい小学生になろう

Z会 グレードアップ問題集

教科書レベルの問題集では物足りないと感じている方・少し難しい問題にチャレンジしたい方へ、
Z会がお届けするハイレベル問題集です。

小学1年 国語 読解
ISBN978-4-86290-106-4
小学1年 国語 漢字・言葉
ISBN978-4-86290-107-1

小学1年 算数 文章題
ISBN978-4-86290-108-8
小学1年 算数 計算・図形
ISBN978-4-86290-109-5

Z会指導部編／定価 各880円（税込）／B5判／4色刷

小学1・2年 さきどり 理科
ISBN978-4-86290-123-1
小学1・2年 さきどり 社会
ISBN978-4-86290-124-8

Z会指導部編／定価 各1,100円（税込）／B5判／4色刷

すべての学習の土台を築く国語

読解 Z会厳選の多様な問題文で効率的な演習をし、総合的な読解力の基礎が身につきます。

漢字・言葉 漢字・言葉のポイントをおさえた多種多様な問題に取り組みながら、国語力の基礎を固めます。

じっくり考えぬく力を育てる算数

文章題 問題の場面を楽しみましょう。算数の力だけでなく、読む力と想像力が身につきます。

計算・図形 パズル的要素のある問題で、楽しく「計算力」や「図形センス」を磨きます。

楽しみながら無理なく取り組め差がつけられる、さきどり理科・社会

理科 「人体めいろ」や「かげの間違い探し」で、理科の用語や考え方に自然に親しむことができます。

社会 「日本一めいろ」や「都道府県しりとり」など、解いてみたくなる問題をたくさん出題しています。

保護者の方もしっかりサポート

教え方のポイントをギュッと凝縮した「解答・解説」付き。
親子で一緒に楽しく学習に取り組めるよう、お子さまがつまずきやすいところを中心に、
指導のポイント、声かけの仕方などを紹介しています。

ご利用者の声

問題がありきたりではなくて、『おもしろそうだな』と思える内容で良かったです。

ちゃんと考えて解く問題もあり、1年生の内容なのに、とても深く学習できる教材だと思います。

“ちょっと難しい”と感じることでも、楽しいと思えるポイントを押さえていて、とても良かったです。

子供が「次のページもやりたい」と興味を持ってやりたがる内容で良かった。

知っていると自慢できる、“かっこいいポイント”を掲載。
お子さまのやる気を手助けします。

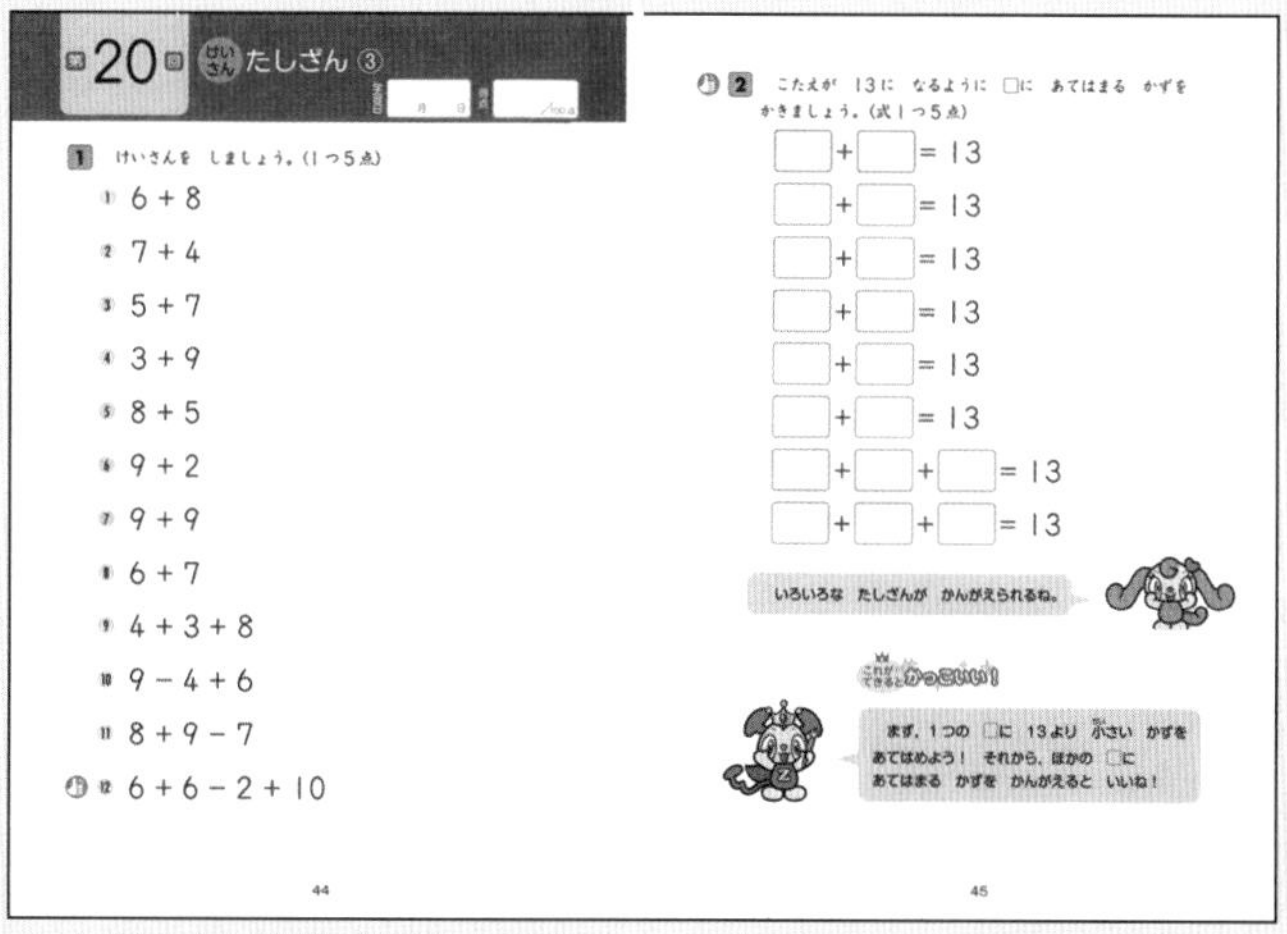

▲小学1年 算数 計算・図形

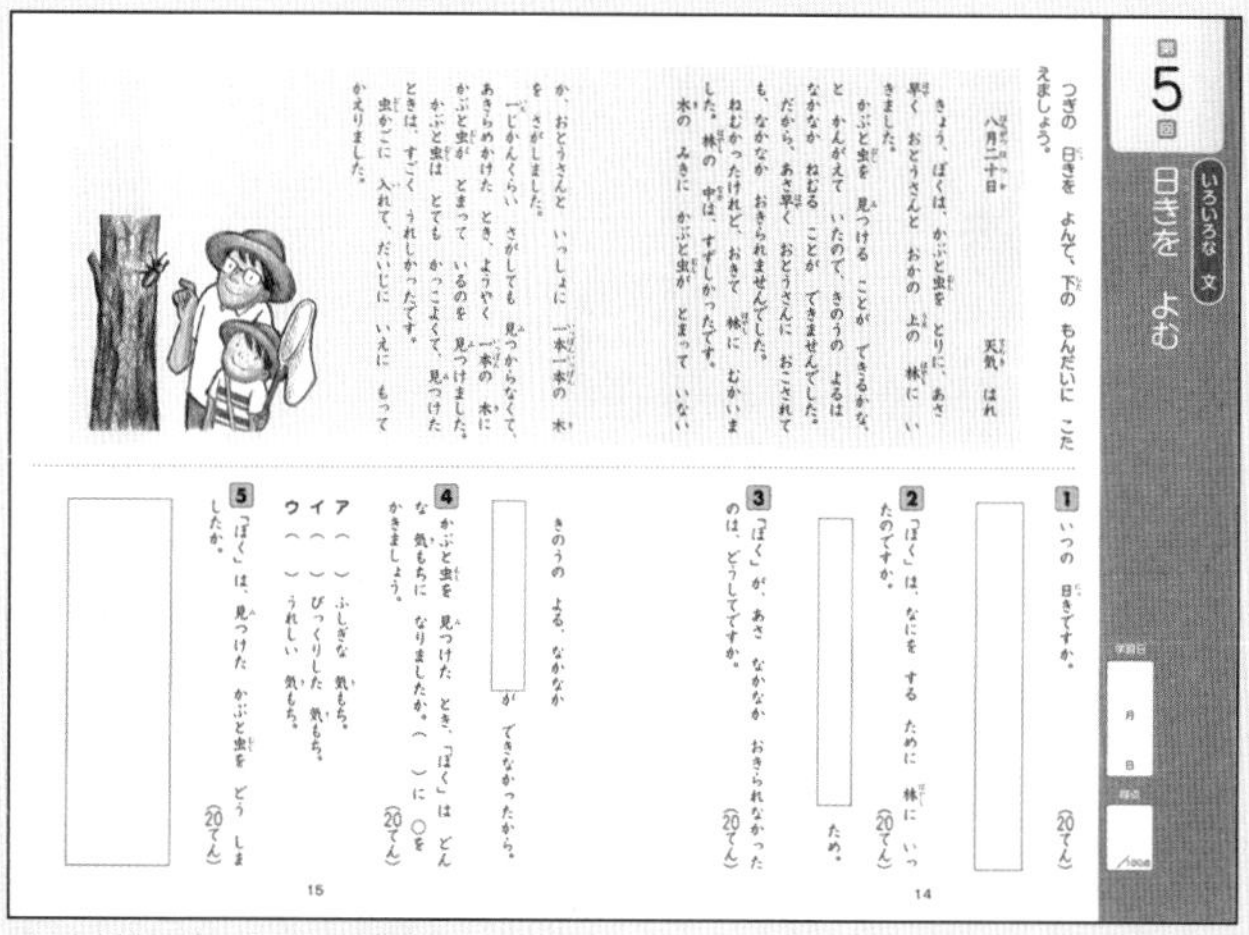

▲小学1年 国語 読解

さきどりできる学年がわかる（理科・社会）

学習内容が何年生のさきどりなのかが、ひと目でわかります。

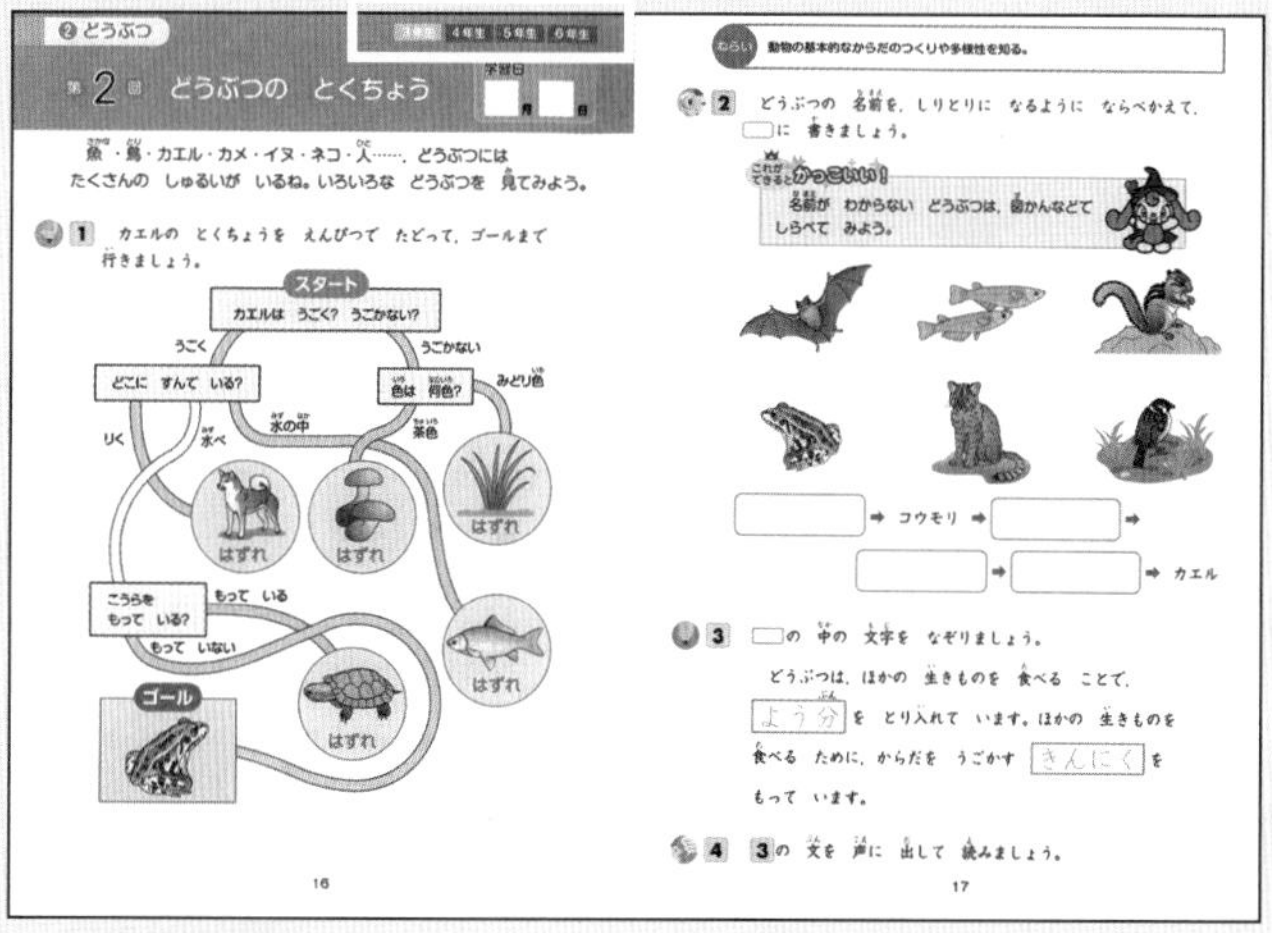

▲さきどり理科

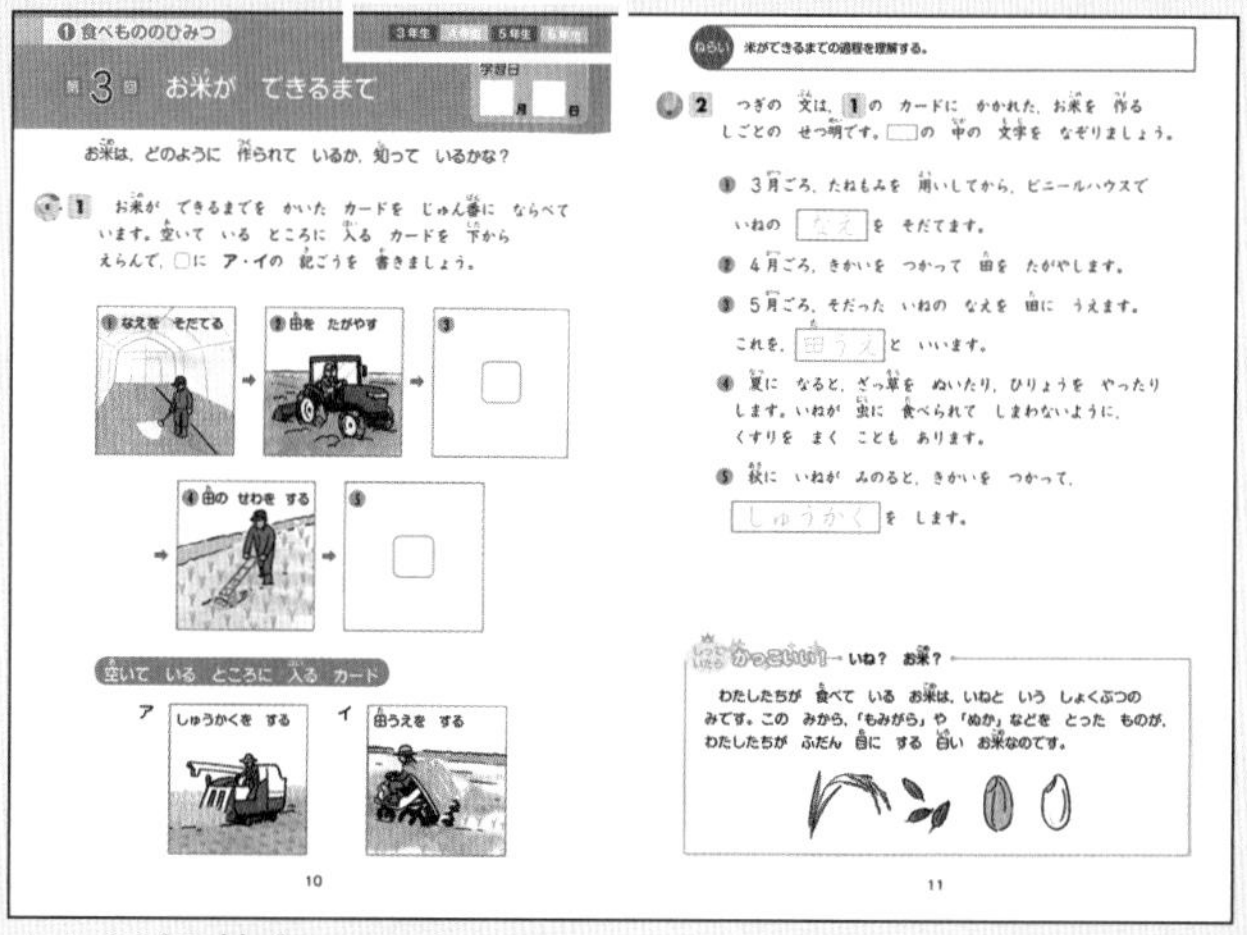

▲さきどり社会

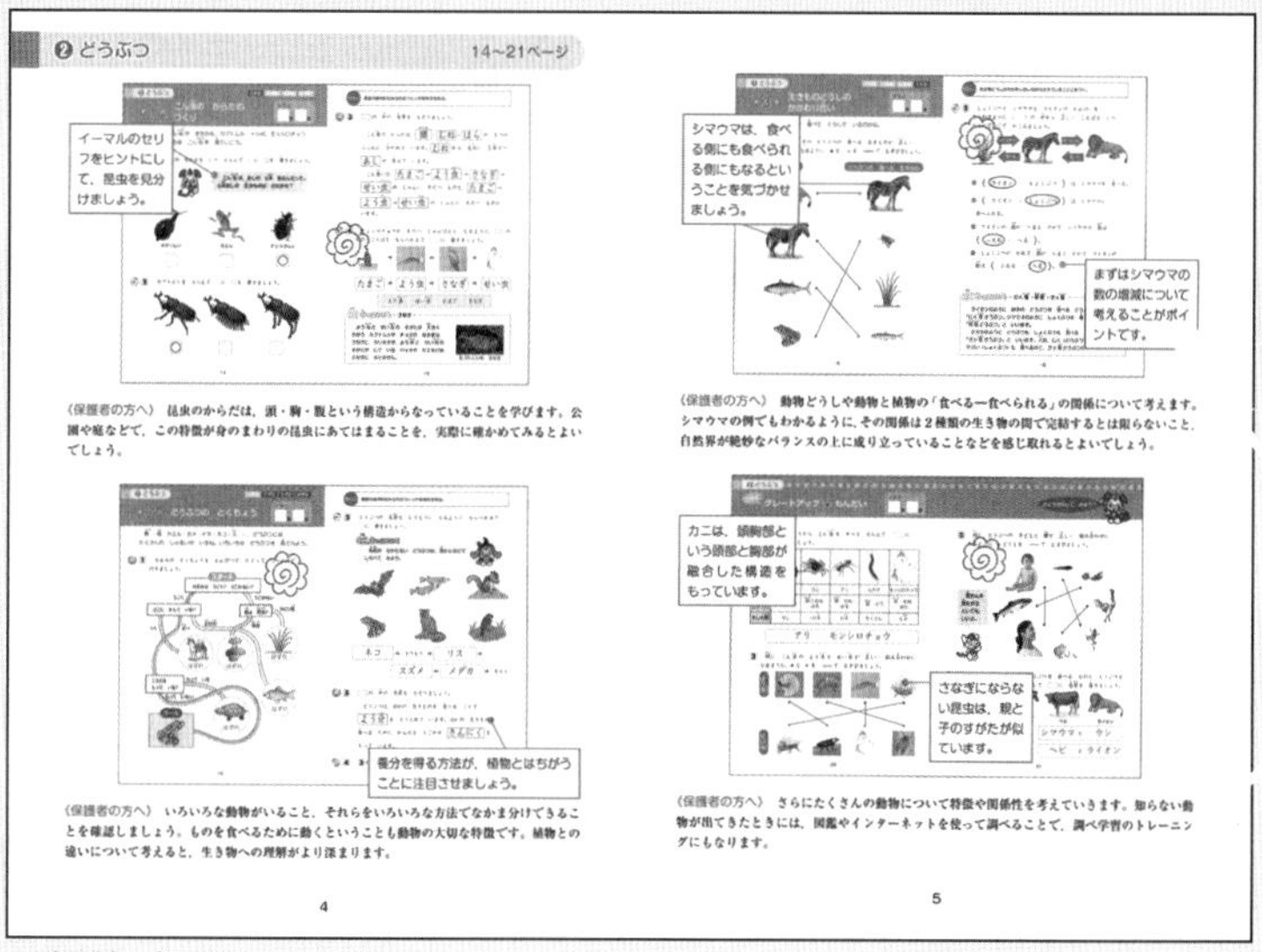

▲解答・解説

保護者の方向けの解説も充実

指導のポイントや効果的な声かけの仕方などを
紹介しています。